南京稀见文献丛刊

中国经济志·南京市

（民国）建设委员会经济调查所 编

审校 俞泽玮 李 玉

南京出版传媒集团
南京出版社

图书在版编目（CIP）数据

中国经济志：南京市 / 建设委员会经济调查所编
. -- 南京：南京出版社，2022.4
（南京稀见文献丛刊）
ISBN 978-7-5533-3640-4

Ⅰ. ①中… Ⅱ. ①建… Ⅲ. ①经济史—中国—民国②地方经济—经济史—南京—民国 Ⅳ. ① F129.6

中国版本图书馆 CIP 数据核字（2022）第 045433 号

丛 书 名： 南京稀见文献丛刊
书　　名： 中国经济志·南京市
作　　者：（民国）建设委员会经济调查所
出版发行： 南京出版传媒集团
南 京 出 版 社
社址：南京市太平门街 53 号邮编：210016
网址：http://www.njcbs.cn 电子信箱：njcbs1988@163.com
联系电话：025-83283893、83283864（营销）　025-83112257（编务）

出 版 人： 项晓宁
出 品 人： 卢海鸣
责任编辑： 严行健　程　瑶
装帧设计： 王　俊
责任印制： 杨福彬

排　　版： 南京新华丰制版有限公司
印　　刷： 南京工大印务有限公司
开　　本： 890 毫米 ×1240 毫米　1/32
印　　张： 8.625
字　　数： 165 千
版　　次： 2022 年 4 月第 1 版
印　　次： 2022 年 6 月第 2 次印刷
书　　号： ISBN 978-7-5533-3640-4
定　　价： 45.00 元

总 序

南京是我国著名的七大古都之一，又是国务院首批公布的24座历史文化名城之一。有将近2500年的建城史，约450年的建都史，号称"六朝古都""十朝都会"。南京的地方文献是中华历史文化资源的一个重要组成部分，是研究我国政治、经济、军事、文化和民风民俗的重要资料。为了贯彻落实党的十九大精神和习近平新时代中国特色社会主义思想，配合南京的经济发展与城市建设，深度挖掘历史文化资源，做好历史文献整理出版工作，不仅有利于传承、弘扬南京历史文化，提升南京品位，扩大南京影响力，也有利于推动物质文明、政治文明、精神文明、社会文明、生态文明协调发展。

长期以来，南京地方文献还没有系统地整理出版过，大量的南京珍贵文献散落在全国各地的图书馆和民间。许多珍贵的南京文献被束之高阁，无人问津，有的随着岁月的流逝而湮没无闻。广大读者想要查找阅读这些散见的地方文献，费时费力，十分不便。为开发和利用好这一祖先留给我们的文化瑰宝，充分发挥其资治、存史、教化、育人功能，南京出版传媒集团（南京出版社）与南京市地方志编纂委员会办公室组织了一批专家和相关人员，致力于搜集整理出版南京历史上稀有的、珍贵的经典文献，并把“南京稀见文献丛刊”精心打造成古都南京的文化品牌和特色名片。为此，我们在内容定位上是全方位、多视角地展示南京文化的深层内涵和丰富魅力；在读者定位上是广大知识分子、各级党政干部以及具有中等以上文化程度的人；在价值定位上，丛书兼顾学术研究、知识普及这两者的价值。这套丛书的版本力求是国内最早最好的版本，点校者力求是南京地方文化方面的专家学者，在装帧设计印刷上也力求高质量。

总之，我们力图通过这套丛书的出版，扩大稀见文献的流传范围，让更多的读者能够阅读到这些文献；增加稀见文献的存世数量，保存稀见文献；提升稀见文献的地位，突显稀见文献所具有的正史史料所没有的价值。

“南京稀见文献丛刊”编委会

导 读

《中国经济志·南京市》由国民政府建设委员会经济调查所出版，首次发行时间是1934年8月15日。关于经济调查所及其编纂《中国经济志》的情况，当时的媒体这样介绍：

> 民国十九年，浙江省政府曾于省垣成立一设计会，专任调查浙江省经济情形，制为统计，即据以设计各项建设计划。二十年春该会即改隶建设委员会，称全国经济调查所，调查全国各地经济状况。三年来，该会工作孜孜不辍，兹以调查所得，编为《中国经济志》一书，计已出浙江省部分，及江宁、芜湖、当涂等五县部分，共数大册。内容详尽，各项统计颇为精确。

可见，建设委员会经济调查所系由一个原为浙江省属的"设计会"改组而成。这个"设计会"是由浙江省政府主席张静江设立的，初为张的调研咨询机构。1931年张卸任浙江省主席之职，专掌建设委员会，该会随即改名升格，调查范围亦扩大到全国，并制定了编纂《中国经济志》的庞大计划。据称该书"全部出完时，当不下一二百巨册，堪称生产建设声中之伟构”。但阅时数年，仅出版浙江省、南京，以及江宁、芜湖、当涂等县部分，“共数大册”[①]。

其中南京专册的出版受到较大关注，《申报》对此进行了报道：

> 自国民政府奠都以后，乃成为全国政治中心，其交通、文化、经济等等，莫不突飞猛进，而尤以经济情形之转变更为急剧。惟一般热心研究首都经济者，每苦无善本，足资依据，建设委员会经济调查所有见及此，爰派员详细调查，复将所得材料，精审统计，费时两月，已将全书编辑完竣，昨已出版发行。是书内容，共分土地、户口、市政、交通、工商业、金融等篇，举凡南京之山川、文物、风俗、经济等，均包括靡遗，手此一书，不特如亲莅首都，遍览各名胜与各伟大之新建筑，而于南京近数年来种种变革，亦明了若指掌矣。[②]

从中也可看出，所谓的《中国经济志》，其实是一套大型的经济调查丛书，南京专册亦不例外。其调查编纂者为熊世风和俞铭铨。

熊世风，生于1891年，字悟工，湖南大庸（今张家界市）人，早年毕业于新式师范学校，并赴川省讲武堂学习。曾参

---

① 《建设委员会出版〈中国经济志〉》，《统计季报》第1期，1935年，第80页；另见《生产建设之伟构：〈中国经济志〉出版》，《福建省统计月刊》第1卷第5期，1935年，第137页；《生产建设之伟构：〈中国经济志〉出版》，《陕西省政府统计委员会会刊》1935年8月，第54页。

② 《〈中国经济志·南京市〉专刊出版》，《申报》1934年11月24日，第12版。

与国民党讨袁的二次革命，失败后辗转各地执教中学。民国九年（1920）湖南驱张之役爆发，应林支宇之邀请，他返湘出任湖南陆军第八混成旅参谋长，后投身广州革命政府，长期活跃于南方政、军两界，多次出任过各地县长之职。然而，北伐结束后，他辞去本兼军政各职，前往建设委员会经济调查所任编辑，致力于国民经济的调查与发展工作。

俞铭铨，字海筹，浙江德清人。其为近现代文学大师俞平伯（原名铭衡）之堂弟。关于他的生平资料尚不多，据零星的报刊、书信材料可知，他于民国年间长期在经济部门从事研究工作，曾出版有《浙江省二十五年蚕丝业概况》等书，并在《会计月刊》等期刊上发文。

20世纪30年代，国内社会调查之风正盛，民间与政府均参与其事。熊、余二人接奉指令，调查南京至芜湖沿线经济概况。南京乃“首善之区”，芜湖亦为皖境巨埠，南京、苏省门户，二人责任可谓重大。熊、俞调查历时月余，成果报告分两次出版，其中南京部分名为《中国经济志·南京市》。书成，由张静江题名，杭州正则书局付印。

《中国经济志·南京市》本质上属于新式社会调查的范畴，然而在内容编排方面，大体仍取中国传统方志体例。全书共分为“土地”“户口”“市政”“交通”“物产”“工业”“商业”“贸易”“金融”九章，并配有南京市新式地图一幅。书中各门类，均开列具体的统计数字，内容较为详尽。

第一章“土地”卷，首先追溯了南京的建置沿革与位置、城垣、疆域、地势、山脉、河流等地理大貌。值得一提的是，城池位置已不再采用星野，代之以经纬度，并指出与国际各大都会之距离；城垣规模不再用传统“步”之单位，代之以“里”；疆域统计也采用了新式的“公里”为单位。本章中对于传统志书一般叙述较多的山脉与河流未着太多笔墨，而在随后的“气候”一节中，却连续开列“每月最高、最低及平均气温表”“每月最高、最低及平均气压表”“气象研究所二十二年雨量霜雪之纪录”等三项表格，显示出对于首都气候的格外关照，这些指标既是近代科技发展的产物，也是描述城市自然状况的重要指标。

国民政府奠都之后，从1928年开始对南京进行地籍测量，历时数年，分别制成一万分之一及二千五百分之一地图二种，“以供全市各项建设及分区计划之用”。统计全市土地面积共计1912平方里，合71.7万亩。其中，平原占58.7%，山区占28.2%，水域占13.1%。随着城市地位的提升、人口的增加、经济的发展，城市地价“亦逐年飞涨”，城区内外相比于未奠都以前，“激增数倍或十倍”。

本章对于名胜古迹的介绍，尤为侧重与国民党、国民政府颇有渊源的地点，如总理陵园、谭延闿墓、国民革命军阵亡军士公墓、中央运动场、第一公园、浙江烈士祠等。此外，对于金陵传统名胜诸如明孝陵、灵谷寺、夫子庙、鼓楼等也均有所介绍。

第二章为“户口”卷。编纂者所根据的为“首都警察厅二十二年之调查”，可见其数据来源较新。书中载，当时南京共有141317户，726131口，其中男性443903人，占

61.3%;女性282228人,占38.8%。就人口密度而言,每公方里11128人;就各区而言,第五区人口最多,为138464人,占全市人口的19.1%。该区的辖区包括“中山路、中正路以西,草场门、汉西门、莫愁湖以东,秦淮河、升州路以北,汉口路以南”。说明这一地区是南京核心地区。据该志统计,当时的南京,平均每户5.1人。

书中还详细列举各区人口的职业、宗教信仰、识字情况等信息。据称,南京全市“有职业者”共351311人,占48.3%。而“无职业者,竟占半数以上”。在“有业”者中,“商居第一位,工居第二位,佣人居第三位,苦力居第四位,军居第五位,再次为小贩、农林、政、警等”。在市民宗教信仰方面,信教人数64767人,占总人口的8.65%,在教派方面,“以佛教、回教为最多,耶稣教次之,道教、天主教为较少”。另据统计,当时南京识字人口共为298165人,占总人数的41%;不识字者占59%,“其中尤以女文盲为最多”。这些信息,无疑有助于后人了解这一时期南京城市人口结构与素质。

在第三章“市政”卷中,作者首先呈现了南京的“市府组织”“城市自治”“公安警政”与“城市财政”情况,虽然详略不一,但均有一定参考价值。例如关于市财政,书中这样写道:

> 京市财政,历来入不敷出,向赖中央拨款补助。截至现在,每年收入:计税捐收入约一百七八十万元,地方财产收入约二十四万元,地方行政收入约一十二万元,地方事业收入约

十万元，地方营业收入约一十一万余元，其他各项收入约四十八万元，外加财政部协款六十万元，铁道附捐一百二十万元，总计全年收入，共仅四百六十四万余元。每年支出：计需行政费五十二万余元，财务费二十八万余元，土地整理费九万余元，教育文化费八十四万元，卫生费二十八万余元，建筑费约一百八十六万元，债务费约四十三万余元，协助及自治经费约六万元，自来水工程处经常费约二十万余元，其他拨付市公债基金四十八万元，救济及旗民给养费约一十九万余元，总计全年支出，共需五百二十六万余元。收支相较，每年不敷仍在六十余万元以上。

可见，南京市级财政，常处于入不敷出的状态，这无疑会对城市的各项建设与发展产生较大的制约。为了解决财政短缺问题，南京市政当局“一面整顿税收，以期收入之增加；一面励行紧缩，以求支出之减少”。但难以解决根本问题，“欲求收支适合，不仰给中央之补助，尚非一时所能骤跻”。书中还提到“若能改用土地课税，以京市面积之大，地价之高，以期自给自足，当不难办到”。这种有点像“对策性建议”的表述，在一般的志书中很少看到。

国民政府奠都南京后，江、浙等地政治情势相对平缓，首都各类文教卫生、建设事业均有所发展。文教方面，已有各级学校总校数三百余所，学额近五万人，教育经费逐年增至五百二十二万余元。书中详细列举了各类登记在册的学校教育、社会教育、文化事业机构与学术团体，其中虽可看出首都“教育文化素未发达，成绩亦较上海、北平为逊”，但已“渐呈蓬勃之象”。卫生方面，虽同样处于初步发展阶段，也已呈现出公私诊疗、社会救济齐头并进的局面。

作为当时“首善之区”，南京市政建设的一大特点在于具有组织性和计划性。关于此点，书中特地予以介绍：

> 首都建设，经纬万端，当其计划建设之初，即有首都建设委员会之设立。整个计划，原分全市为政府区、军用区、高等教育区、公园区、第一住宅区、第二住宅区、第一商业区、第二商业区、第一工业区、第二工业区等十区。逐步分区建设，完成首都之大观。局部计划：在首都建委会，则有首都干路系统计划、次要干路计划、中央车站计划、无轨电车计划。在实业部，则有农林试验总场计划、乳牛场计划、中央机器厂计划。在军委会，则有巩固城防计划。参谋部则有民间防空计划。孔委员祥熙则有首都城内西北部风景林区造林计划。在陵园管理委员会，则又有陵园马路工程计划、陵园森林事业计划、陵园园艺事业计划，以期分工合作，美尽东南。

上述诸计划不仅有都市分区设计，还涵括道路交通建设、实业建设、国防建设，作者在后文中便分门别类列出各项事业建设概况，从中可知首都发展擘划之精详。但这一建设计划势必需要一定的财政供给，就南京而言，“指定之五项建设经费未能如数拨用，成绩遂未表现……宜其计划多而成功少也”。作者直言不讳地指出计划落实所面临的经费难题，无疑有助于读者更全面地了解政治设计与实践之间的张力所在。

第四章将视线转向交通，分别记述了南京及其周边的铁路、公路、马路、航路、航空、邮政、电报、电话等项事业。从书中统计来看，得益于首都之地位，南京各类交通均处于快速发展中，“陆有京沪、津浦铁路，京杭、京芜公路。水有长江航路，空有沪汉蓉线、京平兰线。自十六年以后，邮电设备益全，政令传达更速”，已具东南交通枢纽之气象。上述诸干线在交通网络中分别扮演着不同角色，如津浦铁路线定位便着眼于全国：“在本路未筑以前，北方货物须由平汉路运汉转申。现在则由郑州转徐州，由徐州转浦口，由浦口或迳用汽轮转申，或由下关转京沪路运申，直捷便利多矣。故本路对于京市经济上地位，虽不十分重要，然在全国，实为南北经济运输最重要之路线。”市内交通初以铁路为重，但随着马路的不断修筑，铁路“客运、货运亦成逐年迭减之趋势”。相反，市区汽车交通则渐趋发达，“已成马路计共三十线”。公交线路有“江南公司四线、兴华公司二线”，覆盖市内主要地点，营业总额也达到877406元。此外，京埠航运也相当重要，计有长江航路、内河航路、京浦轮渡等多条水运线路；而新兴之空运以及电报邮传事业，同样处于快速发展阶段。

本志第五章为“物产”卷，集中反映了南京物产状况，可谓农工并重，新旧杂糅，其中别具特色者如本地南乡之黑稻米、双塘之苋菜，各缎号出品之京缎、各厂出品之抽水机与引擎等。从货物流通来看，上述工农诸产品总产值凡八百三十一万余元，不仅供给本地，有的还出口到国内其他各埠。这些翔实的物产数据，为我们理解首都的市面情况与城市经济，提供了重要参照。

在南京诸多物产中，作者特地对树苗与农业器具加以单独说明。随着近代农林科教育的引入，林业经济逐渐为国人所重。尽管如此，民国年间的林业经济，仍然处于低水平发展阶段。然而在首都南京，由于金陵大学、中央大学的推动，加以诸多专业农业推广机构的设立，农林经济的发展颇有起色。正如书中所记载："金陵大学有园林场三十余亩，年产花木树苗，价值三万余元。中央大学在城内外，共有园艺、畜牧、稻作、棉作各种试验场四千四百余亩，年产计值约五万余元。五洲公园在和平门外十八家地方，苗圃一百零八亩，植苗三十余种，年产苗值六千余元。总理陵园附近，培植各种风景林、经济林尤多。此外各院、部及神策门外之私人园艺，亦逐渐增加。"新式农林业，俨然成为首都经济的重要组成部分。

第六章为"工业"卷，书中记载：

> 南京为长江商埠之一，向非工业区域。具有历史性之工业，在明清时代，曾以缎绒、宁绸著称一时……自洪杨兵燹，工人流离，业遂中落。民国七八年后，一面受舶来品之侵销，一面受高丽、安南

销场之重税，营业益微。奄奄迄今，织机递减至千余张，出品行且无人过问矣。民元以来，仅有电厂、造币厂之设置。自国府建都，人口激增，建筑殷繁。因需要而新兴之工业，以面粉厂、碾米厂、机器厂、砖瓦厂、营造厂、自来水厂、印刷业，进展为较速。余如酒厂、布厂、烛厂、电镀厂、煤球厂等类似作坊之厂所，为数仍少，营业亦微。

从中可以看到首都工业大体呈现两种面貌：传统手工业大体仍较为衰败，新兴之城市工业则处在快速发展中。随后，作者具体调查了首都规模以上工业企业847家，其资本总额为10847449元。这些企业大体可划分为七类二十一业：食品工业——面粉厂、碾米厂、酒厂、冰厂；纺织工业——缎业、云锦业、绒业、绸厂、布厂、毛巾厂；建筑工业——砖瓦厂、营造厂；机器工业——机器厂、电池厂、凿井厂、煤球厂；化学工业——电镀厂、烛皂厂；公用工业——电厂、自来水厂；文化工业——印刷业。其中每一类工业，作者都详细列举了具体的厂家、成立年份、地址、资本额、企业主与职员、营业额、设备等。这些详尽的数据，勾勒出首都南京的工业发展状况。

在第七章“商业”卷中，作者首先点明作为政治型城市的南京，商业基础较为薄弱：“南京为入超商埠，货运经过区域，向无大宗商品出口，故历来商业经济不为人所称道。迄定为首都，始为举国人士所注目，以前间有调查统计，皆属零星片面之报告。市府整理营业税收，曾划全市为八大调查区，派员驻查各该区内商户之变动情形，惜其偏重税收，未暇将分区分业商情加以统计。”因此本书对于首都的商业调查，在某种程度上可谓开创之功。从书中来看，南京市八区中，商店数最多的区域为城南夫子庙、奇望街一带的第三区，计有店面2825家；城市中心大行宫、洪武街一带之第一区，计有店面之2758家，可见商业兴旺程度与城市地段关系之紧密。书中将本市13003家商店按业别分为96种，并详列资本额、营业额等信息。其中营业规模较大的有洋广杂货、绸布、纸烟与粮食等业，多为人民日用之生活物资，侧面反映出此一时期首都人口激增后需求的上涨。此外，本章还编列了民国十九年至二十二年的物价指数，为了解首都民众日常生活水平与经济负担提供了直接之参考。

本书的最后两章，分别阐述了首都的贸易与金融业。贸易方面，由于南京乃新兴发展城市，故无论是国际贸易，还是国内贸易，均以入超为主，“贸易总值愈大，洋货之畅销愈多，人民陷于经济侵略愈深，而不能振拔”。在金融方面，钱庄业“因二十年大水为灾，继以九一八、一·二八事变，农村放款既难收回，商家放款亦无力偿还，该业骤告紧张，纷纷歇业收账”。由于京沪间交通、通讯日趋便利，首都金融事实上成为沪上银行业务的延伸，“南京银行，多系上海总行之分行，资本及金融之周转，亦均仰给于总行”。从这些调查信息来看，作为国民政府之“新都”，南京的外贸与金融市场发展仍相当不健全，在经济上尚处于起步阶段。

本书的一大特点在于细节呈现较为丰富。此点在第二章“市政”卷中体现得最为明显，例如在“教育”一节中，统计全市各大、中学自属题中之义，但除此之外，作者还搜罗、掌握了全市百余所小学与幼稚园的信息，不仅开列校名、地址等基础信息，还详列保姆数、具体经费数额等项；对于首都旧式私塾与社会教育组织，同样有所展现。在本章“建设”一节中，作者不仅调查了交通、城防、室屋等基础设施，同时还对于公墓、公厕、合作社、度量衡等进行统计，足证其调查详尽之程度。这一特点在其后的卫生、救济各节中均有所展现。

本志另一大特点在于调查与书写中的“科学性”。除前述第一章“土地”卷“气候”一节中所引三项表格等是新科技手段的直接呈现外，同时还有“人口增加趋势指数表”“历年物价指数表”等均体现了新式统计方法的运用。但是，突出“科学性”并不意味着晦涩难懂，相反，作者力图兼顾专业性与大众性。这一点在第二章“市政”卷“卫生”一节中的“南京市自来水与原有饮水化验成分比较表”中体现得尤为明显，便值得细观。

总体而言，本书名为“经济志”，但内容涵括了民国南京城市的诸多面相，有助于深化读者对民国南京“政治型城市”结构与特质的认识。虽然在内容划分、章节编排以及单位、字句方面，还有一些小问题，部分人名、地名也有谬误，但瑕不掩瑜，本书的史料价值不容低估。原书末附勘误表两页，本次整理对其进行了吸纳，并将原表附后，以供研究参考之用。

俞泽玮　李玉

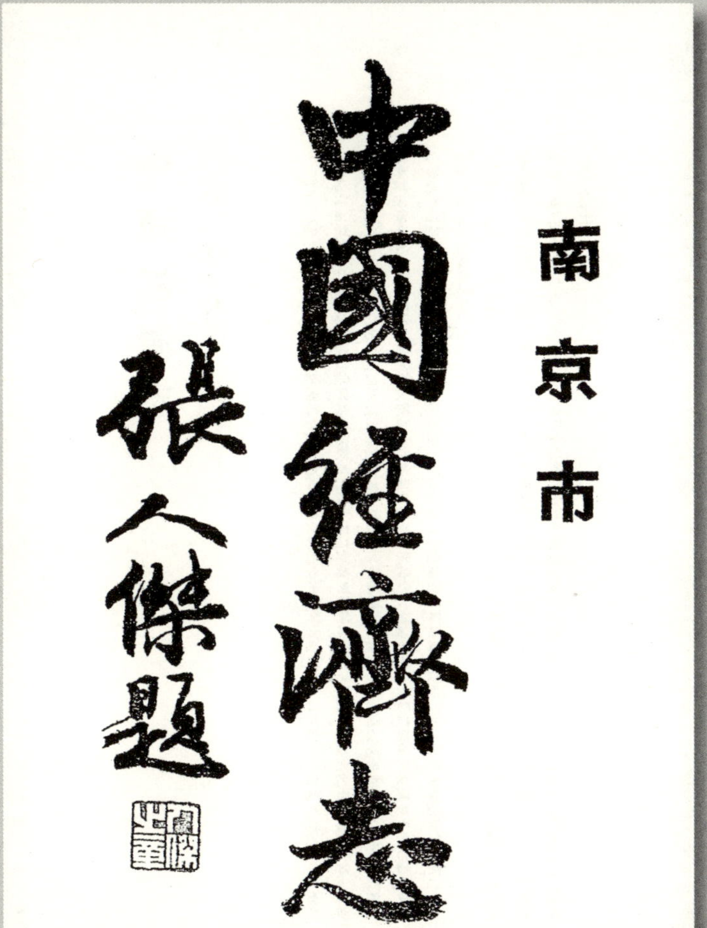

《中国经济志·南京市》杭州正则书局 1934 年版书影

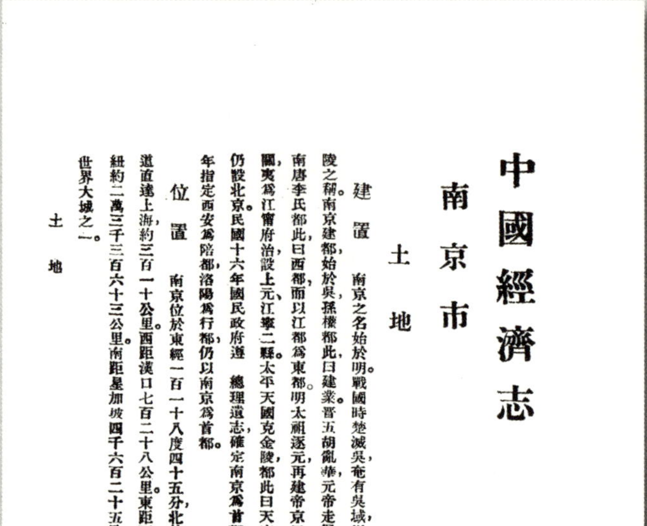

中國經濟志

南京市

土地

建置　南京之名始於明。戰國時楚滅吳，奄有吳域，以其地有王氣，埋金鎮之，此爲金陵得名之始。秦稱秣陵縣，故又有秣陵之稱。南京建都，始於吳，孫權都此，曰建業。晉五胡亂華，元帝走保江，東都此曰建康。宋、齊、梁、陳因之。六朝之名由此而起。石晉天福間，南唐李氏都此，曰西都，而以江都爲東都。明太祖逐元，再建帝京曰應天。成祖遷都北京，以應天爲南京。此南京名稱之由來也。滿清入關，夷爲江甯府治，設上元、江寧二縣。太平天國克金陵，都此曰天京。民元革命，　總理任臨時大總統，定南京爲國都。南北和議成，政府仍設北京。民國十六年國民政府遵　總理遺志，確定南京爲首都，并劃外郭以內地爲南京市，設立市政府，直隸國府行政院。二十一年指定西安爲陪都，洛陽爲行都，仍以南京爲首都。

位置　南京位於東經一百一十八度四十五分，北緯三十二度八分，在長江下游東岸。東距揚子江口，約四百公里。由鐵道直達上海，約三百一十公里。西距漢口七百二十八公里。東距三藩市一萬零五百五十一公里。西距倫敦一萬九千九百零九公里。紐約二萬三千三百六十三公里。南距星加坡四千六百二十五公里。四面環以城垣，長凡三四·二三公里。大爲國內各城之冠，并爲世界大城之一。

土地　一

《中国经济志·南京市》杭州正则书局 1934 年版书影

目　录

弁　言

今年三月本所奉建设委员会之命，派熊悟工、俞铭铨二君调查南京至芜湖一段经济概况，始于三月一日，毕于四月十三日。所调查者南京一市，江宁、当涂、芜湖三县。编辑既竣，合三县为一册，南京市为一册，先后付印。兹当本书出版之时，特撮述各章概要弁于篇首，阅者于此可得其大凡焉。

南京市共有商店一万八千三百零三家，其合于营业税登记标准者一万三千零三家，依同业公会之例，别为九十六业。以洋广杂货业一千八百八十一家为最多，酒菜馆业一千一百五十一家次之，橡皮业、山地货业各六家为最少。二十二年各业营业总数七千二百三十四万元。业别计之，以粮食钱米业（南京有兼营银钱兑换者称为钱米业）七百二十一万七千余元为最多，次为洋广杂货业六百七十二万五千余元，而卷烟业五百万元竟与绸布业等，是其消费与衣食并重也。

南京可强称之为工业者有八百四十七家：营造厂占四百八十家，且多十六年以后成立者，南京建筑业状况于此可见；印刷业三十家，中有二十七家亦为十六年以后开设，宣传出版情形，盖可知也。工业营业总数为一千四百八十余万元，以面粉业大同、扬子两厂共五百万元为最多，次为营造业四百八十八万元。缎业乃南京历史最久之手工业。当其盛时，织机达三万余台，织工二十余万人，产值千万元以上。洪杨兵燹，零落殆尽。后虽稍稍振起，以视往昔，犹相去远甚。民国以来，益趋衰颓。延至今日，缎号仅存六十一家，织机一千一百四十六台，年产素缎二万八千匹，值一百一十二万元（据实业部调查二十一年缎号六十家，织机一千一百二十九台，年产素缎一万七千五百匹），犹赖市政府提倡扶助之力，始能有此。若云锦、绒、绸，更不堪言。机械厂虽有二十家之多，不过制造饭锅、火炉、面机、铁床（价值数元之铁床）之类，情状极为可怜。他如凿井、制皂等厂，规模极小，实不足称为工厂，然舍此即无工业可言。工人总数共六千四百五十六人。以织工三千三百八十七人为最多，印刷工九百零七人次之。营造厂家数在各业总家数半数以上，其工人自当不少，惟进退无常，难以确计，遂略而不载。

南京交通擅水陆空之便，其行驶市内之车辆，据工务局登记，有江南、兴华两司之公共汽车六十七辆，自用小汽车一千三百七十八辆，自行车三千一百二十六，人力车一万零一百八十八，马车三百三十五。内河运货小帆船九千零五十六。行驶附近各县镇之轮船公司十家，共有轮船十八艘，其营业数止四万元。盖以同业竞争，均受亏折。下关、浦口有转运公司六十七家，营业仅五十万元。报关行前有三十三家，今存二十九家，营业仅七万元，亦云微已。

十六年以前，南京止有中国、交通、上海、江苏四银行，今已增至二十家。钱庄以前甚多，民国二十年尚有六十八家，今年三月仅存二十九家，营业不过一二百万元。惟典当七家均开设于十六年以前，近则营业益盛，年达三百万元之巨。足征社会经济之竭蹶也。

南京工商业既不发达，物产又不丰富，衣服饮食，无不仰给于外地，故进口货多而出口货少。十年以前，犹有缎绒出口年可二三百万元，近则无矣。二十一年尚有冻鸭出口值三十余万元，二十二年并冻鸭亦无之，出口者仅邮包一种，值千余元而已。进口则达二千二百余万元，且以建筑材料与食粮为大宗。于此可知南京为一纯粹消费的城市，而不足以言生产也。

盖南京虽濒大江为水陆交通之区，而工商业向无足称，其经济上之地位，不独不能与汉口、九江、芜湖比并，即视镇江，犹有逊色，仅能与安庆相伯仲耳。自国府奠都以来，人口自三十六万骤增至七十二万六千（现已至七十四万余），日用所需，数倍曩昔，商店工厂，应时而兴，然徒以供本城市民之用，外地不仰给于此也。

本所此次调查，承京中各机关团体指导襄助，至深铭感。惟时期促迫，未能详尽，遗漏之处自知尚多，不足以餍阅者之望，此则深感歉仄者也！民国二十三年八月罗喜闻识。

土地

建置

南京之名始于明。战国时楚灭吴，奄有吴域，以其地有王气，埋金镇之，此为金陵得名之始。秦称秣陵县，故又有秣陵之称。南京建都始于吴，孙权都此，曰建业。晋五胡乱华，元帝走保江东，都此曰建康。宋、齐、梁、陈因之。六朝之名由此而起。石晋天福间，南唐李氏都此，曰西都，而以江都为东都。明太祖逐元，再建帝京曰应天。成祖迁都北京，以应天为南京。此南京名称之由来也。满清入关，夷为江宁府治，设上元、江宁二县。太平天国克金陵，都此，曰天京。民元革命，总理任临时大总统，定南京为国都。南北和议成，政府仍设北京。民国十六年，国民政府遵总理遗志，确定南京为首都，并划外郭以内地为南京市，设立市政府，直隶国府行政院。二十一年，指定西安为陪都，洛阳为行都，仍以南京为首都。

位置

南京位于东经一百一十八度四十五分，北纬三十二度八分，在长江下游东岸。东距扬子江口约四百公里。由铁道直达上海，约三百一十公里。西距汉口七百二十八公里。东距三藩市一万零五百五十一公里。西距伦敦一万九千九百零九公里，纽约二万三千三百六十三公里。南距星加坡四千六百二十五公里。四面环以城垣，长凡三四·二三公里。大为国内各城之冠，并为世界大城之一。

城垣

南京设城，其源甚古。最初地址甚狭，仅限于今之台城一带，其后代有增扩。今之巍峨巨城，筑于明初。自明洪武二年九月兴工，至六年八月告成。外郭周围一百八十里，辟尧化、仙鹤、麒麟、沧波、高桥、上方、夹冈、双桥、凤台、大安德、小安德、驯象、江东、佛宁、上元、观音十六门。至清，夷为蔓草，名存实亡。内城周围六十一里，辟仪凤、金川、神策、钟阜、太平、朝阳、正阳、通济、聚宝、三山、石城、定淮、清凉十三门。清加辟丰润、草场二门，封闭金川、清凉、钟阜、定淮四门，民国十年加辟海陵门，国民政府新辟武定门，共十七门。但民间俗呼正阳为洪武门，聚宝为南门，三山为水西门，石城为汉西门（或作旱西门），其本名翻尠知者。国民政府奠都后之次年，南京特别市政府决议，改定城门名称：易朝阳为中山，丰润为玄武，聚宝为中华，海陵为挹江，正阳为光华，仪凤为兴中，神策为和平，呈请核定改建竣工。即今总揽全国，典型千邑之首都城。

疆域

南京规定市区：东以乌龙山外郭遗址；南以铁心桥、西善桥、大胜关界江宁；西以长江、浦口镇界江浦；北以长江界六合。面积四七七·八五四方公里。计占江宁县境四五八·二〇四方公里，占江浦县境一九·六五方公里。警察市区，仅辖内城城区及浦口一隅，面积六五·二五方公里。内占江宁县境五八·四五方公里，占江浦县境六·八〇方公里。规定市区因与江宁县府划界争议未决，暂照警区管辖面积为市区范围。江宁全县面积二、二九二·五五〇方公里，较之规定市区，为一与五之比。较之警区为一与三九之比。

南京市区首都警区与江宁县区面积比较表

面积别	方公里	面积别	方公里
规定市区面积	四七七·八五四	市区在江宁境内面积	四五八·二〇四
		市区在江浦境内面积	一九·六五〇
警区管辖区域	六五·二五〇	警区在江宁境内面积	五八·四五〇
		警区在江浦境内面积	六·八〇〇
江宁全县面积	二、二九二·二五〇	市区与江宁面积之比	一比五
		警区与江宁面积之比	一比三九

地势

南京地势，高出吴淞最低水平线约五公尺至十五公尺。城内南部地多平坦，东部略有高山，西北则小山起伏，惟无高出海面八十五公尺者。城外大小山岭甚多，山坡峭峻，东部之紫金山，高出平地二百四十公尺，为全境最高处。北部八卦洲南岸有一带山脉，其中重要而高者为老虎山，高一百八十公尺。浦口近郊各处，地多平坦卑湿，夏季常为水淹。其北则有高山一列，高百公尺以上。南部诸山皆小，最著者为雨花台。扬子江两岸，皆为大幅地段，江潮涨时，每被淹没。据此可知南京地势，至为高下不齐。

山脉

南京市区山脉，分城外、城内二支：

1. 城外山脉 来自安徽之黄山，至句容为三茅山，至江宁为汤山，为栖霞山，入境为乌龙山。溯江西行至观音门为直渎山，俗名观音山。东麓若渴龙饮江，长伸入水为燕子矶。南折至和平门为幕府山，沿山十二洞为南京著名胜地。北折至城北为狮子山，即历史上有名之卢龙山，峙于城而濒于江，历为军事要塞重地。绕城迄东，矗峙于太平门、中山门之东北者，为紫金山，一名钟山。西为天堡城，南为中山陵。起伏于城南者为聚宝山，一名雨花山，又通称为雨花台。

2. 城内山脉 来自城外之钟山，入太平门为富贵山、九华山。西行为鸡鸣山，俗称鸡笼山，明设天文台于此，题名北极阁。今直称为北极阁，中央研究院设有气象研究所。迤西为鼓楼坡，即古之钟鼓楼，今为鼓楼公园。小仓山在其侧。由鼓楼而西为石城山，即楚时石头城旧址；南唐筑避暑宫于此，遂易名清凉山。其迤东之蛇山、五台山，迤南之盋山[①]（古龙蟠里），迤北之马鞍山、妙耳山、张家山、何家山、王家山、老虎洞，皆清凉之分支。再南为吴冶城旧址，为冶城山，明初于此设朝天宫，今多讹以宫名称山。至秦淮河南诸山，在城西南者为凤凰山，俗呼花盝冈，隔城与长干里相连。在城东者为赤石矶，矶上突矗一冈，曰紫岩，遗有周处读书台。凡此冈峦起伏，皆聚宝之分支。

---

① 应为盋山。

河流

南京河流，长江最著。城垣东、西、南三部，有护城河环绕，内地水运，多利赖之。西北有惠民河，可资船舶避风。湖泊亦多，著者为莫愁、玄武。

1. 长江 长江由西南来，经大胜关入境，至江心洲南，分为二流，东部支流名夹江，至洲北端合而北流。至距下关二公里半处，又分为二：中为八卦洲，洲南名夹江，至洲东端合而东流，经乌龙山北麓出境，东入于海，在南京港口停轮界线内，水深一五·八公尺（四七·五市尺）至三一·六公尺（九五市尺），面宽一六八〇·四公尺（五〇四一·二八市尺），狭处亦在一一〇九·五公尺以上。河流速度，每小时约四海里（一海里合一八五三·一五公尺），潮水高涨度数，冬季为六公寸至一公尺二寸，夏季常少于三公寸。且有多处河身特宽，足供巨舰之回旋；虽有飓风，小不为患，为世界最大航路之一。

2. 秦淮河 原名淮水，相传由秦始皇导淮入城，泄金陵王气，更名秦淮。上源有二：西源出溧水县之东庐山，东源出句容县之华山。分道至江宁方山埭，会而北流，经土山、上方桥、中和桥，至共和门外之九龙桥，与护城河会。西流由东水关入城，水西门出城，注入护城河，城内经过夫子庙、朱雀桥、乌衣巷、钓鱼台、武定桥等地，成半环形，称为六朝烟月之区。至今画舫栉比，游人如织。通小汽船，航行于湖熟、溧水间。

3. 护城河 源于钟山，导入城壕。循城经中山门、光华门，至共和门外与秦淮河会合。仍循城根经中华门、水西门、汉西门北下，由三汊河注入长江。通划船，为城南北运输要道。

4. 城渠 起城内干河沿，东流经北门桥、莲花桥，左纳进香河水，再东流经浮桥、珍珠桥、竺桥而南流，左纳溪支流，再南至第一公园之复成桥，更与东来之明代御河会合。仍南流经大中桥至东水关，注入秦淮河。此渠盖即杨吴时代引以护城之城壕，明时扩充城垣，乃包于城内。西流至淮清桥，有青溪西来注之。

5. 青溪 青溪昔源钟山，南流入城，旧道多湮（八府塘即其遗迹）。迄今仅余一支，自门帘桥东南流，经娃娃桥、升平桥，循南唐宫壕（王府塘）故道，经四象桥、淮清桥、八府塘侧，注入秦淮河。

6. 运渎 由内桥路交角引青溪西流，经鸽子桥、笪桥、鼎新桥、文津桥、张公桥，直抵西城根。由铁窗棂出城，注入护城河。另支由笪桥西南流，经草桥、红土桥，至陡门桥，注入秦淮河。

7. 惠民河 由三汊河承护城河之水北流，纵断下关，经中山北路惠民桥，由老江口注于长江。

上列诸河，水利之富，首推长江。次如秦淮上游及护城河，亦足供运输。至于城内渠渎，皆无水利之可言，水质污秽，不能供饮料。自来水源，取诸城外大江浊流中，千载艳称之锦绣秦淮，实际已成为污秽粪沟，行者咸须掩鼻而过。

8. 玄武湖 在玄武门外，本古桑泊，吴宝鼎间开城北渠，引前湖水流入新宫，名后湖。宋元嘉中筑堤壅水，名北湖，相传同时黑龙见，因名玄武湖。湖周约四十里，中有新、老、长、菱、芷五洲，今改称美、欧、亚、澳、非五洲。经市府辟为公园，名五洲公园。现仅美洲开辟，正计续开亚、欧两洲。出产有果实、菱藕，尤以樱桃为著。湖中可放鱼四十万尾，现放八万余尾。

9. 莫愁湖　在水西门外，湖周围约六里，湖中遍植菱荷，与岸柳汀芦交相映辉，澄泓一碧，风景极佳。相传因南齐时有女卢莫愁居此得名。今市府已辟为公园，名莫愁湖公园。

地质

南京土壤，分为二类：一为冲积层之泥，一为肥土。后者见于城中各处及西北部之斜山，泥土之泄水力甚微，每有相隔只二公尺之水池，水平即相差异，城外之山，大半为硬脆之石质所成，石灰质甚少，其成分之最著者，为石英、沙石、孕子石等。地层之主要方面，为东西二向，而斜度则南向五十余度。

气候

南京位于北纬三十二度八分，气温寒暑适中，气压冬高夏低，风雨调匀。农作物生长期颇长，茶在摄氏表五度下，稻在零下五度，便不能生长。南京虽有比此更低之气温，为期却短。

气温

南京气温，自有纪录以来，以摄氏表三十八度为最高，零下十三度为最低。夏至约在二十八度，低于北平、高于广州各一度。冬至约六度，高于北平十一度，低于广州八度。证之中央研究院气象研究所二十二年之纪录，亦以三十八度为最高，零下十度为最低。超过三十二度之气温，为六、七、八、九等月。不及零度之气温，为十一、十二、一等月。每月最高、最低及平均气温如左表[①]：

月份	最高温度	最低温度	平均温度（摄氏）
一月	八·九	（一）一〇·九	（一）一·一
二月	一九·八	（一）五·四	（一）五·四
三月	二六·八	（一）〇·四	一〇·〇
四月	二八·一	三·二	一四·三
五月	三一·六	一二·八	二〇·四
六月	三四·八	一五·九	二三·六
七月	三八·一	二二·八	二九·一
八月	三七·一	一九·六	二七·三
九月	三三·九	一〇·三	二二·一
十月	二九·二	九·〇	一七·六
十一月	二一·四	（一）二·四	九·五
十二月	一六·六	（一）五·八	五·八

气压

南京因在北纬三十度左右，又系内陆，故全年气压之变化，冬季高而夏季低。夏至气压约在七五·二至七五·四公厘，冬至气压约在七六·八至七七·〇公厘。证之气象研究所

① 本书底本为繁体竖排，故用“左”表示，全书同。

二十二年气压之纪录，以一月份七五·四一公厘为最高，七月份三七·一八公厘为最低。每月最高、最低及平均气压如左表（公厘）：

月份	最高气压	最低气压	平均气压
一月	七五·四一	五七·五三	六六·七八
二月	七一·八一	四四·三一	六一·五一
三月	七〇·三五	四八·八九	五九·五五
四月	六五·八八	三九·八一	五四·三五
五月	五九·二七	四六·五七	五二·八四
六月	五五·三九	四三·四〇	四九·四二
七月	五〇·三二	三七·一八	四五·五八
八月	五五·八三	四〇·九二	四七·九四
九月	六二·八二	五一·一〇	五五·七六
十月	六五·五六	四九·二〇	五八·四二
十一月	七二·五四	五一·一六	六二·九〇
十二月	七一·三六	五五·五〇	六四·〇四

雨量

空中水分，随气温之高低凝结下降。气温在摄氏零度以上者，下降为雨为露。气温在零度以下者，下降为雪为雹，或凝为霜。南京适当北纬多雨带，滨海濒江，故每年雨量，平均约为一〇八一·三公厘。下雨日数，约占全年日数百分之三五。比之上海雨量，每年平均一一四七·九公厘，仅略减少。雨季分二期：一期为四月，二期为五月至九月。每年凝霜约四十余日，最早起于十一月一日，最迟终于四月六日。降雪期，早起于十二月一日，终止于三月七日。证之左列气象研究所二十二年雨量霜雪之纪录，推移无多。

月份	雨量（公厘）	降雨日数	凝霜日数	降雪日数
一月	一四·六	七	|	|
二月	七〇·五	一二	|	|
三月	六四·九	一一	十六日止霜	七日止雪
四月	一八七·三	二〇	|	|
五月	七〇·五	一四	|	|
六月	一三三·二	一九	|	|
七月	一三八·九	一五	|	|
八月	一一六·三	一三	|	|
九月	三三·〇	一五	|	|
十月	五九·六	一一	|	|
十一月	一三·八	五	四日降霜	|
十二月	二八·三	九	|	一日降雪
合计	九三〇·九	一五一	四二	一一

风向

南京为夏至季候风、冬至季候风及台风经过地带。全年普通风向，约分北北东、北东、东南东、南南东四向，台风惟七、八月最多。风力以十一月之南南东为最强，每秒速率约二三公尺，势可折枝走石。其次为五月之东南东及十二月与一月之北北东。降雨可能性最大之风向，为东、北、北东三向。各月风向、速率等如左表：

月份	风向	速率（每秒公尺）	降雨可能性最大之风向
一月	北北东	一八·六	东
二月	北东	一九·七	北
三月	北北东	一八·五	东
四月	东南东	一七·七	北东
五月	东南东	二二·五	北东
六月	东南东	一九·四	北东

续表

月份	风向	速率（每秒公尺）	降雨可能性最大之风向
七月	北东	二二·二	东
八月	南东	二一·七	北东
九月	北东	一七·四	北西
十月	北东	二〇·三	东
十一月	东南东	二三·一	北
十二月	北北东	一八·六	北

名胜古迹

金陵为我国东南一大都会，夙擅山水林泉之胜，名胜古迹代有增置。自国府奠都，踵事增华，首都风物，愈为世人所推重。南京市府恐其代久年湮，致使观光人士，欲揽胜探幽莫知所从，曾派员调查加以考证，综计不下三四十处。远如汤山、栖霞山、牛首山诸胜，不属于京市范围者亦摭拾靡遗，界说惜欠分明。兹择其为世人所称道，隶属于市区范围以内者，分区列举于次：

东区

明故宫　在城东南隅，为明紫禁城旧址，一名皇城，洪武二年九月建。成祖迁都北京，移宫殿巨材至北备营造，后经洪杨及光复兵燹，迹遂荡然。今存午朝门门基及五龙桥遗迹于中山门之西、光华门之北。

四方城　在今中山门外，东西南北各一城，成四方形，亦明初所建。

明孝陵　在中山门外旧灵谷寺，为明太祖与马皇后灵榇合葬地，懿文太子祔于左，松柏错杂，俨成冈陵，其前为马皇后梳妆台，高五丈余，下有隧道作穹窿形。再前为祭堂，悬有墨笔太祖遗像，堂前石兽、翁仲罗列。清太祖[①]南巡，亲题“治隆唐宋”四字，勒之碑亭，吾人瞻仰之余，尤应佩其以武力收复河山，贯彻民族主义之伟绩。

总理陵园　在中山门外东北十里钟山之麓，与明孝陵东西并峙。陵园面积，都四万五千八百余亩，奄有钟山全部，岧峣岐嶷，气象雄伟。陵居园之中部，前为梯形石级，计十三层。拾级而上，经陵门、石碑亭直达祭堂，内供总理石膏坐像。后壁为墓门，墓室作穹窿形，室中为大理石圹，圹中设长方形墓穴，即总理灵榇奉安之所，穴上覆以大理石卧像一座。园内辟有果园、竹林、苗圃，并有其他农作物。园之西南，辟有植物园，广罗中外花木，为研究改良植物之所。全部工程，融会中国古代与西方建筑之精神，坚朴壮丽，别创新格，足以表示一时代之艺术。

谭院长墓　在灵谷寺后，前为祭堂，后为墓道，路径曲折，别饶林泉之趣。

灵谷寺　寺址原在钟山独龙冈，梁天监中为志公改建于钟山玩珠峰，名开善精舍，简称开善寺，宋改名太平兴国寺，旋复更名蒋山寺，明太祖以其寺址为孝陵，敕改建于东五里地，赐额灵谷寺，即今之灵谷寺也。历为南京著名丛林，洪杨兵燹，殿宇多毁，惟无量殿尚存肤廓，后经新修，始复旧观。寺

---

① 应为“清圣祖”。

内古迹凡四：一净土指南碑，碑有吴道子画、李太白赞、颜真卿字，为唐代建筑物；二蟠龙石，石刻蟠龙，形似碑额，为明代雕刻物；三龙池，池成正方形，深数尺，位于寺傍，亦明代建筑物；四志公塔，在无量殿北，塔高五层，因失修毁坏。寺内植名贵牡丹多种，春日花发，赏者接踵。

国民革命军阵亡军士公墓 公墓现在建筑中，其计划，拟就灵谷寺五方殿旧址及无量殿东西各距千尺之山凹中，建筑公墓三处，修复无量殿为祭堂，建纪念堂于志公塔前，造纪念塔于其后，地点适位于总理陵东，完成后可西与孝陵东西对峙，并列为三，同为民众所瞻仰。

中央运动场 在谭院长墓南，面积宽广，设备齐全，看台容六万余人，台下隔成房间，足供运动员二千七百人住宿。

紫霞洞 在明孝陵东北里许，广容十余人，上有清泉，水味甘美。

九龙桥 在通济门外，桥有五衖，下临护城河，建于明代，市府于该处设有游泳池，为夏令市民游泳之地。

夫子庙 在秦淮河北岸，东牌楼文德桥旁，正中为大成殿，后有明伦堂、尊经阁。现市府以大成殿为市立图书馆，明伦堂为市立夫子庙小学校之一部。庙前大牌坊亦经市府改修，并就四周空地，辟为广场，游艺麕集，百戏杂陈，茶坊酒肆，鳞次栉比，实为市集之中心点。

秦淮河 在复成桥西，城内之水以此为纲。相传由秦始皇导淮泄气得名，历为六朝烟月之区，南朝金粉之所会萃。今则污秽不堪，过此掩鼻。自市府厉行禁娼，淫靡之风少息。

明远楼　在市府大门口，明永乐时建，为贡院建筑物之一，方形三层楼今犹岿然独立。府内飞虹桥，系青石筑成，桥下有长方形水池。府前秦淮小公园，均为贡院旧址，经市府修饰，为市民息游之所。

韬园　在复成桥东岸，为清蔡和甫筑，现为江苏省立民众教育馆，花草亭楼，布置颇精，秦淮风月，于此为胜。

第一公园　在复成桥东，原名秀山公园，为故军阀李纯遗赀所建。自革命军克复南京后，遂更今名。内分烈士祠、将士纪念塔、历史博物馆、逍遥游各部，并保存重逾数百斤，横宽八尺长丈余之铁质飞来剪一把，供众展览。

南区

白鹭洲公园　在武定门内小石坝街附近，三面环水，台榭相间，古木差参，风景清幽，或谓即唐李白所咏之白鹭洲。

周处台　在中华门内三条营观音庙后，相传晋周处曾读书于此。

报恩寺　在中华门外，宋代所建，原名长干寺，明时改今名，现市立米行街小学设于其内。

雨花台　在中华门外，相传梁武帝时有云光法师在此讲经，忽天花乱坠，故名。形势险要，历为兵家必争之地。光复时革命军与清军亦曾剧战于此，迄今犹有遗迹可寻。台上岗子石产五彩石子，灿烂悦目，就地妇孺多拾以售客。台麓永宁泉相传为天下第二泉，泉凡二眼，水味甘美，泉东有茶社，游者可憩此瀹茗。台阴有方孝孺墓，为明代忠臣。顶有方亭，系纪念孝孺先生之建筑物。凭亭游目，气象万千。

刘园 在中华门外雨花台附近，一名又来园。为清刘舒亭明府之别墅。园内有刘公墩、云起楼、又来堂、凌波仙馆、拥翠堂、紫青阁、师竹轩诸胜，山水清幽，别饶雅趣。

胡园 在门西鸣羊街，昔为徐锦衣西园，一易主而为吴中丞用光之园，再易主而为胡煦斋太守所得，一名异园。园中设计，系仿大观园形式，莲池亭榭，假山丛篁，备极幽邃玲珑。年来园内房屋租人居住，用是倾圮毁废不堪。

西区

莫愁湖公园 在水西门外，因卢莫愁得名。梁武帝常作河中之水歌，以咏其事。市府辟为公园，供人游憩。园中犹存胜棋楼、曾公阁、粤军烈士墓诸古迹。胜棋楼五间，在湖滨华严庵内，明太祖与徐中山王曾弈棋于此。楼下为郁金堂，中悬莫愁女及中山王遗像。曾公阁在胜棋楼西，为宁人追念两江总督曾文正公而建。烈士墓民国元年建，内有总理所书“建国成仁”大石碑。

朝天宫 在汉西门东，为古冶城遗址，宋名大庆观，元名元妙观，旋改永宁宫。明洪武中重建，赐额朝天宫，凡大朝贺，于此习仪，清中叶改建文庙。

龙蟠里 在汉西门内，清薛时雨主讲之惜阴书院即在里内，风景绝佳，为西城冠，一名薛庐。附近有颜鲁公、曾文正公、沈文肃公三祠。

浙江烈士祠 在龙蟠里东南，内建碑亭，刻民元光复时浙军死难之烈士姓名，碑亭后为祠堂，两旁楼台，布置井然。

乌龙潭 在薛庐后，成椭圆形，中有宛在亭，六方高二层，为晋代建筑物，旧说因晋时潭见乌龙得名。

清凉山 在汉西门内，为城内西部高邱，本市自来水蓄水池筑于此。山上胜迹有清凉寺、扫叶楼、六朝井、茅亭、九华胜迹、耶教公墓、方亭等。清凉寺在清凉山上，原名兴国寺，南唐昇元初改名石头清凉禅寺，佛殿三楹，周环朱垣，掩映于绿树丛篠间。扫叶楼在清凉山南，为明遗老扫叶僧龚半千所建，内悬遗像，布置古雅，足供游客休憩。登楼远眺，城郭江山，宛列眼底。六朝井在清凉寺后，久圮，尚存半圈井栏。茅亭在清凉山顶，登临远眺，四大皆空。九华胜迹在清凉山山路之右，房屋完整，清初所建。耶教公墓亦在山顶，围以短墙，老树参天。方亭在清凉寺前左侧，以形方得名，为民初所建。

石头城 在汉西门外，本吴时土坞，后因山加甓，因江为池，形势险固，有金城汤池之喻，亦名石首。

北区

鼓楼 在北极阁西，明洪武十五年建，基成长方形，高十余丈，下辟三门，上为畅观阁，阁内有清圣祖戒碑，高二丈余。民国十二年改建公园，并建八角亭一座，周围遍植花木，假山水池，布置井然。现中央研究院设天文研究所于楼上，鼓楼公园遂归该院经理。

钟亭 在鼓楼无量庵傍，成六角形，高数丈，清江宁藩司许振祎建，掘卧钟厂之钟悬其上，叩之声闻数里。

北极阁 在鼓楼东北，元时所筑，因年久失修圮废，现中央研究院就阁址建筑气象台，其旁设有无线电台。

六朝松 在中央大学梅庵内，高三丈余，相传为六朝时物。

鸡鸣寺　在成贤街北，内有豁蒙楼，楼北向，遥瞻玄武湖。楼东更有一楼，东向曰景阳楼，为明代所建。楼下有胭脂井，一名景阳井，为陈时宫井。

施食台　在鸡鸣寺前，相传元时刑人于此，常有鬼魅祟人，洪武初延西番僧设坛施食以度之。

台城　在鸡鸣寺北，魏晋谓天子所居禁省为台，故名台城。梁承宋齐之旧，宫殿皆在台城。武帝遭侯景之乱，饿死于此。现仅有遗址一段未圮，与城墙相接，登城远眺，钟山后湖，历历在目。

玄武湖　经市府辟为公园，名五洲公园。美洲全部开辟，正计续开亚、欧二洲。洲上遍植樱桃，春日樱花盛开，美丽绝伦。桃味鲜美，为南京著名出产之一。夏季荷花怒开，更为增色。美洲胜迹，有湖神庙、赏荷厅、观音阁、湖心亭及张端二公祠。祠原名陶公亭，初祀端陶斋尚书，后改陶然亭，合祀张文襄。现为市府昆明义务小学校。洲上居民多置游艇，供客雇用，小者容数人，特号容十余人。

钟山　在太平门外，俗呼紫金山，又名蒋山。周围六十里，高一百六十八丈。琳宫碧宇，都四十余所，上有天堡城、革命纪念塔、徐达墓诸胜。天堡城形势险要，历为兵家所必争，光复时革命军与清军曾剧战于此。塔高数丈，峙立城旁，民元所建，以纪念光复时天堡城一役死难诸烈之丰功伟绩也。徐墓在太平门外，钟山之麓，翁仲石马，罗列亦壮。

下关区

狮子山　在兴中门外，其脉来自定淮门，上有阅江楼，建有炮台，苍翠玉立，林樾蔽天，擅高屋建瓴之势。

燕子矶　在观音门外，矶石突立江上，三面壁悬，形如飞燕，故名。上有清御碑亭，登矶俯视，洪涛骇浪，势极险峻。

幕府山　在和平门外江滨，周围三十余里，高七十余丈。沿山胜迹，有永济寺、观音阁、崖山十二洞等。寺内峭壁悬崖，洵称奇观。阁筑寺旁，高约数丈，有铁链下坠丈许，相传为明刘青田之系舟处。崖山十二洞，现存三洞，余均湮没难考，三洞形势，附志于左：

头台洞　在永济寺旁，奇石森然，穷穴透邃，有洞上通崖顶，洞旁巨石一方，上刻明太祖朱元璋所书寿字；其旁另有一石凸出山岩，形奇特似人首。

二台洞　在头台洞西，结楼山腰，内有一洞，相传可通京口。

三台洞　在二台洞下，内有观音塑像立于石桥上。桥下有泉，泉右有小洞，旭光一线，上透绝顶，故名小有天。泉左有岩穴通玉皇阁，登临远眺，崖山诸景，尽收眼底。洞内有大石碑立山岩下，刻吴道子所画观音像，为唐代雕刻物。

划区

市治设城南秦淮河北岸贡院内，暂照警区，辖地六五·二五〇方公里。自治区域初为二十一区，至二十一年三月并为八区，并与首都警区同其范围。又以首都机关之集中，辟明故宫一带为中央政治区。故宫以北为军用区。光华门以北，外五龙桥以南，八宝前街以东，为政治区之住宅区。大方巷、老菜市、古林寺一带，为新住宅区。下关中山码头以南，三汊河以北，护城河以西，为第一工商业区。兹将自治区、警区、特别区列表对照于左：

南京市各种区划对照表

自治区	经界	警区	特别区	经界
第一区	中山路以东，中山门以西，九华山以南，中山东路以北	第一区署	中央政治区 军用区	明故宫一带 明故宫以北一带
第二区	中正路以东，沿城以西，中山东路以南，光华门、通济门、青溪以北	第二区署	政治区住宅区	光华门以北，外五龙桥以南，沿城以西，八宝前街以东
第三区	光华路、钟阜路以西，东冶路以西，青溪以南，长乐路以北	第三区署		
第四区	南钟阜路以西，长乐路、秦淮河、水西门以南，雨花台以北，沿城以西	第四区署		
第五区	中山路、中正路以西，草场门、汉西门、莫愁湖以东，秦淮河、升州路以北，汉口路以南	第五区署		
第六区	定淮门沿城以东，鸡鸣寺、玄武门沿城以西，和平门、钟阜门、挹江门以南，汉口路以北	第六区署	新住宅区	大方巷、老菜市、古林寺一带
第七区	护城河、回龙庵、水关桥以西，扬子江心以东，和记码头以南，三汊河以北	第七区署	第一工商业区	下关中山码头以南，三汊河以北，护城河以西
第八区	扬子江心以东，九洑洲铁路河以西，海关分卡以南，永生洲以北	第八区署		

土地分类

京市地籍测量各项基本工作，自十七年十一月开办以来，由前土地局业将城内及下关所需三角道线水准等基本测量，先后完成。测成一万分之一及二千五百分之一地图二种，以供全市各项建设及分区计划之用。又自十九年一月起，就城内下关施行地籍测量，经三年工作，亦已完成。二十二年复完成八卦洲、九洑洲及大小黄洲各处地产测量。统计各种土地面积，凡一千九百一十二市方里，七十一万七千市亩，平原占百分之五八·七，山区占百分之二八·二，水区占百分之一三·一。如左表：

南京市土地分类面积表

类别	地别	市方里数	市亩数	百分比
平原	平地	一、一一四·四五	四一七、九一八·七五	五八·三
	道路	七·六五	二、八六八·七五	〇·四
山区	山地	五三九·〇〇	二〇二、一二五·〇〇	二八·二
水区	江河	二三四·六〇	八七、九七五·〇〇	一二·三
	湖荡	一六·三〇	六、一一二·五〇	〇·八
合计		一、九一二·〇〇	七一七、〇〇〇·〇〇	一〇〇·〇

地价

南京地价，在昔尚廉，自民国十六年奠都后，人口与年俱增，地价亦逐年飞涨。市政府于十九年六月开辟新住宅区时，议定该处地价，每方为三元、四元、五元三等，外加公共建筑费（如开马路、广场及学校等）每亩二千三百余元。一般市民多认为价格过巨，意存观望，无人具领，现市政当局复招集土地征收审查委员会，参照该处附近买卖地价，议定每方增加三元改为六元、七元、八元三等，同时由市政府将每亩应摊之公共建设费减为一千二百元，以为领地建筑者劝。截至二十二年底止，遵章申请承领者，已有六十余户。又拟举办土地税，饬由业户按照时价自行申请，兹据业户申报结果，基地价格最高有至二万四千元一亩者，最低亦不下一百八十元。园圃、田地各种地价，根据中央民运会农人科二十二年之调查，每亩亦涨至四千余元、千余元、数百元不等。惟浦口第八区之地价，尚与普通地价相等，城区内外，则已比未奠都以前，激增数倍或十倍矣。如左表：

南京市各区各种土地地价表（单位市亩）

区别	地段	地别	地价			备注
			最高（元）	最低（元）	普通（元）	
东区	皇城、国府路、中山东路、洪武街	基地	六、六〇〇	四八〇	一、二六〇	上表基地价格根据业主向市府之申报数，田地园圃价格根据中央民运会农人科二十二年度之调查数
		园圃	四二〇	四二〇	三六〇	
		旱地	四二〇	二四〇	三六〇	
南区	中华路、雨花路、长乐路、秦淮河沿岸	基地	一二、〇〇〇	一八〇	一、六二〇	
		园圃	四、八〇〇	二、四〇〇	三、六〇〇	
		旱地	六〇〇	三六〇	四八〇	
		山地	四八〇	二四〇	三六〇	
西区	定淮门、清凉山、石城、水西门、汉西门	基地	三、三六〇	二四〇	一、〇八〇	
		园圃	二、四〇〇	六〇〇	一、八〇〇	
		旱地	六〇〇	三六〇	四八〇	
		山地	三六〇	二四〇	三〇〇	
北区	中山北路、丁家桥、钟阜门、玄武门	基地	四、二〇〇	六六〇	一、〇二〇	
		园圃	一、九二〇	九六〇	一、五〇〇	
		水田	一、九二〇	九二〇	一、五〇〇	
		旱地	一、九二〇	九二〇	一、五〇〇	

续表

区别	地段	地别	地价			备注
			最高（元）	最低（元）	普通（元）	
中区	新街口、鼓楼、中山路、三元巷	基地	二四、〇〇〇	五四〇	二、一六〇	
		园圃	二、四〇〇	九〇〇	一、八〇〇	
		旱地	一、九二〇	九〇〇	一、五〇〇	
		山地	一、〇八〇	八〇〇	九〇〇	
下关区	大马路、京沪车站附近、江边马路、中山北路、惠民河沿岸	基地	一三、二〇〇	六〇〇	四、八〇〇	
		园圃	二、四〇〇	六〇〇	一、八〇〇	
		水田	一、八〇〇	七二〇	一、四〇〇	
		旱地	六〇〇	三六〇	四八〇	
		山地	三六〇	二四〇	三〇〇	
浦口区	津浦马路、大马路、通浦东路、通浦西路、西后河沿、天桥街、九洑洲、永生洲	基地	一、〇〇〇	一二〇	三六〇	
		园圃	八〇	四〇	六〇	
		水田	六〇	四〇	五〇	
		旱地	五〇	三〇	四〇	
		山地	四〇	二〇	三〇	

户口

南京户口，根据首都警察厅二十二年之调查，凡一十四万一千三百一十七户，七十二万六千一百三十一口，就性别分之，男凡四四三、九〇三人，占百分之六一·三；女凡二八二、二二八人，占百分之三八·八。就各区分布言，以第五区一三八、四六四人为最多，八卦洲五·二五七人为最少。每户平均五·一人，每市方里平均二、七八二人，每公方里平均一一、一二八人。各区户口统计如左表：

南京市各区户口数统计表

区别	户数		口数			
	实数	百分比	男	女	合计	百分比
第一区	二二、二五七	一五·七	八一、三六一	四三、一四二	一二四、五〇三	一七·一
第二区	一五、八〇四	一一·二	四九、七六八	三一、五二七	八一、二九五	一一·二
第三区	一六、二一二	一一·五	五八、六一四	三五、七七七	九四、三九一	一三·〇
第四区	二四、三〇九	一七·二	六七、四六六	五二、一一一	一一九、五七七	一六·五
第五区	二七、三六五	一九·四	八三、四〇九	五五、〇五五	一三八、四六四	一九·一
第六区	一〇、一八四	七·二	三四、九四二	二〇、三三〇	五五、二七二	七·六
第七区	一六、三〇一	一一·五	四六、一四一	二九、三九五	七五、五三六	一〇·四
第八区	七、九一二	五·六	一九、〇三二	一二、八〇四	三一、八三六	四·四
八卦洲	九七三	〇·七	三、一七〇	二、〇八七	五、二五七	〇·七
合计	一四一、三一七	一〇〇·〇	四四三、九〇三	二八二、二二八	七二六、一三一	一〇〇·〇

户口分类

据警厅户口分类调查，析为住户、棚户、商店、工厂、学校、机关、团体、船户、寺庙等二十一类。列表如左：

南京市户口分类统计表

类别	户数	人口数		
		男子数	女子数	合计
住户	八三、六九一	二二〇、一七二	一七三、六八四	三九三、八五六
棚户	三六、八九〇	九一、九五七	六九、三八一	一六一、三三八
商店	一八、一一九	八三、〇八〇	三四、五七一	一一七、六五一
学校	一九五	三、一四五	一、一六一	四、三〇六
机关	七〇〇	三四、二二一	三一六	三四、五三七
宿舍	四五	一、八八〇	二七〇	二、一五〇
工厂	五八	一、四九一	四二五	一、九一六
船户	四八九	一、〇一三	七一七	一、七三〇
寺庙	三一三	一、三六五	五五七	一、九二二
旅馆	三五九	二、八六九	七六八	三、六三七
报馆	一〇〇	六〇一	九八	六九九
娱乐场所	六一	一、一二二	一二四	一、二四六
农会	一七	三〇	|	三〇
工会	三七	六九	|	六九
商会	三	三九	|	三九
同乡会	三八	二七四	六四	三三八
同业公会	一一一	二二七	三〇	二五七
学生团体	二一	三七	|	三七
妇女团体	二	|	七	七
宗教团体	二九	九六	三七	一三三
慈善团体	三九	二一五	一八	二三三
合计	一四一、三一七	四四三、九〇三	二八二、二二八	七二六、一三一

年龄分级

以壮丁为最多,占百分之四二·二;青年次之,占百分之一六·五;老稚又次之,老占百分之一五·八;稚占百分之一二·九;学龄儿童为最少,仅占百分之一二·六。如左表[①]。

① 即“南京市人口年龄分级统计表”。

职业人口

京市有职业者凡三五一·三一一人,占人口百分之四八·三,无职业者,竟占半数以上。有业人数,商居第一位,工居第二位,佣人居第三位,苦力居第四位,军居第五位,再次为小贩、农林、政、警等。统计之如左表:

南京市职业分类统计表

业别	男数	女数	合计
党务	一、一四一	六九	一、二一〇
军	二六、九七〇	六	二六、九七六
警	四、八九八	四〇	四、九三八
政	一二、六七一	三八二	一三、〇五三
学	五、四二一	一、九二三	七三四四
法	八六〇	一〇	八七〇
农林	一〇、〇五三	四、二七二	一四三二五
畜牧	一八七	二六	二一三
渔	一、一五三	一六六	一、三一九
工	四八、四五八	一〇、七九六	五九、二五四
佣人	三二、三九二	一八、〇九八	五〇、四九〇
苦力	三二、四六二	九、一五二	四一、六一四
商	六八、五四四	一七、五三五	八六、〇七九
小贩	一九、三一一	七、五五二	二六、八六三
医	八六三	一二五	九八八
稳婆	丨	六六	六六
工程师	一〇一	丨	一〇一
新闻	五三〇	七	五三七
伶	六一五	五四三	一、一五八
其他	八、〇七八	五、八三五	一三、九一三
合计	二七四、七〇八	七六、六〇三	三五一、三一一

宗教人口

京市人口中有信教人数六四、七六七人，占总人口百分之八·六五，各教教徒，以佛教、回教为最多，耶稣教次之，道教、天主教为较少。据警厅二十二年之调查，统计之如左表：

南京市宗教人数统计表

教别	男徒数	女徒数	合计
佛教	一三、三八九	一七、五一三	三〇、九〇二
道教	二一六	八九	三〇五
回教	一八、〇八八	一二七二五	三〇、八一三
耶稣	一二七七	一、一一〇	二、三八七
天主	一八三	九三	二七六
其他	五九	二五	八四
合计	三三、二一二	三一、五五五	六四、七六七

识字人口

京市识字人口凡二九八、一六五人，占总人数百分之四一；不识字者占百分之五九，其中尤以女文盲为最多。据警厅二十二年之调查，统计之如左表：

南京市识字与不识字人数比较表

区别	识字			不识字		
	男	女	合计	男	女	合计
第一区	五四、九九八	六、五四四	六一、五四二	二六、三六三	三六、五九八	六二、九六一
第二区	三三、五二七	七、六四五	四一、一七二	一六、二四一	二三、八八二	四〇、一二三
第三区	三四、六〇一	一三、三八二	四七、九八三	二四、〇一三	二二、三九五	四六、四〇八
第四区	三二、七一五	九、四三一	四二、一四六	三四、七五一	四二、六八〇	七七、四三一
第五区	二九、三六八	一一、五〇二	四〇、八七〇	五四、〇四一	四三、五五三	九七、五九四
第六区	九、九二三	二、四〇九	一二、三三二	二五、〇一九	一七、九二一	四二、九四〇
第七区	三一、二八四	一三、〇二四	四四、三〇八	一四、八五七	一六、三七一	三一、二二八
第八区	七、二三六	一八二	七、四一八	一一、七九六	一二、六二二	二四、四一八
八卦洲	三八二	一二	三九四	二、七八八	二、〇七五	四、八六三
总计	三三四、〇三四	六四、一三一	二九八、一六五	二〇九、八六九	二一八、〇九七	四二七、九六六

二十二年来人口增加之趋势

京市人口据海关册所载：在民国元年仅二十六万九千人；二年因战事无增加；三年秩序安定陡增十一万余人；自民国三年至十六年，逐年虽呈增加之趋势，然为数无多。最近七年增加綦速，较建都时增至一倍有奇，较之民元增加几及二倍。兹以十六年为基数，用指数比较之如左表：

南京市二十二年来人口增加趋势指数表

年别	人数	指数
民国元年	二六九、〇〇〇	七五
民国二年	二六九、〇〇〇	七五
民国三年	三七七、一二〇	一〇五
民国四年	三六八、八〇〇	一〇二
民国五年	三七八、二〇〇	一〇五
民国六年	三七七、五四九	一〇五
民国七年	三七六、二九一	一〇四
民国八年	三九二、一〇〇	一〇九
民国九年	三九二、一〇〇	一〇九
民国十年	三八〇、二〇〇	一〇五
民国十一年	三八〇、二〇〇	一〇五
民国十二年	四〇一、五〇〇	一一一
民国十三年	三九五、五〇〇	一一〇
民国十四年	三九五、九〇〇	一一〇
民国十五年	三九五、九〇〇	一一〇
民国十六年	三六〇、五〇〇	一〇〇
民国十七年	四九七、五〇〇	一三八
民国十八年	五二二、六九六	一四五
民国十九年	五六一、四四三	一五六
民国二十年	六三三、四五二	一七六
民国二十一年	六三二、六七八	一七六
民国二十二年	七二六、一三一	二〇一

人口平均增加率

细阅上表，京市人口平均增加率，可分为三期，比较如左：

年份	人口数	起讫年份	经过年份	人口平均增加率
民国元年	二六九、〇〇〇	民国元年至十六年	一六	千分之十八
民国十六年	三六〇、五〇〇	民国元年至二十二年	二二	千分之四十五
民国二十二年	七二六、一三一	民国十六年至二十二年	七	千分之一百零五

市政

南京城垣，筑于明初。下关、浦口商埠、城北一带马路、市内铁路筑于清末。民元以还，关于市政虽有市政公所、市政督办公署之筹备，因军事不靖，均未成立。迨十六年革命军达到南京，始于四月成立市政厅，划定外郭以内及浦口为市区范围。六月改称市政府，第一任市长刘纪文，何民魂、魏道明、马超俊、谷正伦、石瑛继之。所办各种事业，兹就其组织、自治、公安、财政、教育、建设、卫生及救济等，分别略述于后：

组织

市府组织，一因新旧组织法之不同，一因市长政见之各殊，加以经济与环境之变化，八年来迭有变更。当第一任刘市长任内，先后设立财政、工务、公安、教育、卫生、土地六局，其组织最大。何市长任内，斟酌当时经济能力及环境需要，时而裁局设课，时而增处设局。迄二十一年四月石市长接任，为节省行政经费，扩充建设事业起见，爰将所属各机关分别归并，教育局并入社会局，土地局并入财政局，卫生局裁撤，仅设秘书处及社会、财政、工务三局，此为组织最小时期。现行组织系统如左表[①]。

① 即“南京市政府组织系统表”。

自治

京市自治,举办于二十年三月。初划全市为二十一区,区设区公所。府内设自治事务所,综理其成。每区设区长、助理员各一,书记二,雇用夫役二,每区月支经费三百元,年计七万五千六百元。事务所设所长一,职员十一,月支经费一千二百四十元,年计一万四千八百八十元。全年共支经费九万零四百八十元。二十二年三月,遵照中央政治会议,自治当以生计与教育为中心之决议,并自治区为八区,使与警区同其范围,撤销自治事务所。所有职务,改由市长躬亲处理。每区职员仍旧,月支经费一百六十五元,年计一万五千八百四十元。较之从前,年省约七万四千六百余元。即以此款,作为事业费。坊及闾邻,暂不组织。各区公所地址及区长姓名如左表:

区别	区长姓名	公所地址	经费(元)	备注
第一区	邓德昌	廊背后四号	一六五	
第二区	徐翥	八府塘六号	一六五	棚户多
第三区	刘世熙	白鹭洲公园	一六五	商业中心
第四区	易树勋	大百花巷十一号	一六五	机户最多
第五区	李应吉	仓巷十四号	一六五	机户最多
第六区	王瀓	保泰街	一六五	地旷人稀
第七区	蒋道南	下关绥远路静海寺十一号	一六五	棚户最多
第八区	茆礼恭	浦口东后河沿十四号	一六五	棚户最多
合计			一五、八四〇	

公安

京市警政，在未建都以前，由江苏省会警察厅办理。迨十六年定都后，改组为南京特别市公安局，直隶市政府。十八年三月国府以南京警政关系首都治安，组织上有扩大之必要，明令划归内政部管辖，改称首都公安局。同年十二月二次扩大组织，改称首都警察厅。内部组织：厅长之下设秘书二人至四人，技正一人至三人，分设总务、保安、司法三科，督察、训练两处。现因财政紧缩，训练处缩为训练班，附属督察处。外部组织：分设八警察局，六十四分驻所，另设保安一、二两大队及特务、侦探、消防等队。附设警士教练及警察医务两所。总计厅局所队，现共配置长警四千三百三十二员名。其组织系统如左表[①]。

① 即“首都警察组织系统表”。

财政

京市财政,历来入不敷出,向赖中央拨款补助。截至现在,每年收入:计税捐收入约一百七八十万元,地方财产收入约二十四万元,地方行政收入约一十二万元,地方事业收入约十万元,地方营业收入约一十一万余元,其他各项收入约四十八万元,外加财政部协款六十万元,铁道附捐一百二十万元,总计全年收入,共仅四百六十四万余元。每年支出:计需行政费五十二万余元,财务费二十八万余元,土地整理费九万余元,教育文化费八十四万元,卫生费二十八万余元,建筑费约一百八十六万元,债务费约四十三万余元,协助及自治经费约六万元,自来水工程处经常费约二十万余元,其他拨付市公债基金四十八万元,救济及旗民给养费约一十九万余元,总计全年支出,共需五百二十六万余元。收支相较,每年不敷仍在六十余万元以上。虽经现市当局力加整理,一面整顿税收,以期收入之增加;一面励行紧缩,以求支出之减少。欲求收支适合,不仰给中央之补助,尚非一时所能骤跻。若能改用土地课税,以京市面积之大,地价之高,以期自给自足,当不难办到。京市财政最近三年来之收入、支付,列表对照如左:

南京市最近三年财政收入概数表

项别	民国二十年（元）	民国廿一年（元）	民国廿二年（元）	备注
营业税	四三、五五五	一四二、一六三	一三四、二〇二	最近预算数二十万元
契税	三一一、九五一	二三二、〇三八	三〇〇、〇〇〇	
牙税	九四二	二、〇五四	丨	改征营业税
当税	一、八一〇	二、一七〇	丨	改征营业税
屠宰税	六四、二一六	六八、〇二六	丨	改征营业税
菸酒税	丨	二〇、〇〇〇	二五、〇〇〇	由税务署拨
旅馆牌照税	五、〇五〇	四、九六〇	五、〇〇〇	
浴堂牌照税	二、九四〇	二、八二〇	三、〇〇〇	
车捐	六二五、〇九八	六一五、八〇六	六六〇、〇〇〇	
房捐	三七二、九三三	三九三、二一三	四八〇、〇〇〇	
船捐	八、二二一	一六、一三八	一六、一三七	
旅馆捐	三三、三一二	三一、八四〇	四八、〇〇〇	
茶馆捐	五、六七〇	四、六四七	六、〇〇〇	
筵席捐	三九、五〇〇	四五、八三〇	四七、九七〇	
娱乐捐	四三、一三四	四四、七五四	五四、〇〇〇	

续表

项别	民国二十年（元）	民国廿一年（元）	民国廿二年（元）	备注
广告捐	九、八九六	一三、五〇〇	一二、〇〇〇	
码头捐	一八、一七七	一〇、五二〇	一〇、五二〇	由金陵关代征
地方财产收入	六六七、二二五	二七六、五八三	二四〇、〇〇〇	
地方行政收入	一三五、八六七	一二八、八一二	一二〇、〇〇〇	
地方事业收入	—	五八、四一二	九四、五八四	
地方营业收入	一二二、二五三	一一〇、九九九	一一一、〇〇〇	
补助款	一、七九七、九二七	二、二三〇、九八八	一、八〇〇、〇〇〇	内计财部协款六十万元 铁道附捐一百二十万元
其他收入	九五七、〇一二	三四七、五五四	四八〇、〇〇〇	
公债收入	三七四、九〇一	—	—	
合计	五、六四一、五〇九	四、八〇三、八二七	四、六四七、四一三	

南京市最近三年财政支出概数表

费别	民国二十年（元）	民国廿一年（元）	民国廿二年（元）	备注
行政费	七一九、二〇九	五八三、五八〇	五二八、〇〇〇	
财务费	六〇五、五三二	四六八、七〇四	二八八、〇〇〇	
教育文化费	七二三、三〇四	七三八、三九六	八四〇、〇〇〇	
卫生费	三二四、二五二	二四三、九〇四	二八八、〇〇〇	
建设费	二、五一七、一〇四	一、八四二、二六二	一、八六〇、〇〇〇	二十二年度数计经常建设费三十万元，余为特别工程费
土地整理费	|	|	九六、〇〇〇	
债务费	四八六、〇〇〇	四六二、〇〇〇	四三二、〇〇〇	
协助费	|	五二、二四二	六〇、〇〇〇	
官营业费	八六、九九八	八七、〇〇八	二〇四、〇〇〇	二十二年度数系自来水工程处经常费
其他支出	|	一三〇、〇〇〇	六七二、〇〇〇	二十二年度数内付公债基金四十八万元，旗民给养费十九万二千元
预备费	二三〇、六六九	|	|	
合计	五、六九三、〇六八	四、六〇八、〇九六	五、二六八、〇〇〇	

据上列收入表，最近三年捐税及地方款收入，均成逐年增加之趋势。补助款则渐成逐年递减之趋势，不能谓非当局整理财政之效果。惟二十一年因一·二八之变，地方款收入特少，中央补助款亦特多。各种收入三年来增加之比率，分为捐税、地方款、补助款，列表比较如左：

款别	二十年（元）	百分比	二十一年（元）	百分比	二十二年（元）	百分比
捐税	一、五八六、四〇五	二八·二〇	一、六五〇、四七九	三四·四〇	一、八〇一、八二九	三八·八〇
地方款	二、二五七、二五八	四〇·〇〇	九二二、三六〇	一九·二〇	一、〇四五、五八四	二二·五〇
补助款	一、七九七、九二七	三一·八〇	二、二三〇、九八八	四六·四〇	一、八〇〇、〇〇〇	三八·七〇
合计	五、六四一、五九〇	一〇〇·〇〇	四、八〇三、八二七	一〇〇·〇〇	四、六四七、四一三	一〇〇·〇〇

据上列支出表，最近三年行政费、债务费则逐年减少，事业费亦逐年加多。预备费惟二十年有之，未另分析。其逐年增减之比率，分为行政费、债务费、事业费，列表比较如左：

费别	二十年（元）	百分比	二十一年（元）	百分比	二十二年（元）	百分比
行政费	七一九、二〇九	一二·六〇	五八三、五八〇	一二·七〇	五二八、〇〇〇	一〇·〇〇
事业费	四、四八七、八五九	七八·八〇	三、五六二、五一六	七七·三〇	四、三〇八、〇〇〇	八一·八〇
债务费	四八六、〇〇〇	八·六〇	四六二、〇〇〇	一〇·〇〇	四三二、〇〇〇	八·二〇
合计	五、六九三、〇六八	一〇〇·〇〇	四、六〇八、〇九六	一〇〇·〇〇	五、二六八、〇〇〇	一〇〇·〇〇

再就收入、支出两表比较，最近三年，均成入不敷出之现象。年度愈近，事业费愈多，不敷之数量，亦愈大。增加收入，节省支出，固已注意及此。改征地税，另辟财源之道，尤应同时并进。兹将最近三年，收支不敷概数，更为列表，比较如左：

年份	收入数（元）	支出数（元）	不敷数（元）	盈余数（元）
民国二十年	五、六四一、五九〇	五、六九三、〇六八	五一、四七八	|
民国二十一年	四、八〇三、八二七	四、九〇八、〇九六	|	一九五、七三一
民国二十二年	四、六四七、四一三	五、二六八、〇〇〇	六二〇、五八七	|

国税

京市国税，民国二十二年计征关税二百四十二万三千五百九十元，统税五十九万九千元，此外印花税由江宁印花税局征收，京市各院部所贴印花，均由该局分销。菸酒税新章，产销并征，南京为销区。洋酒税归海关进口一道征收，京市为查验区。菸酒牌照税二十一年以前，纯为包商投标性质，无案可稽，调查时适值该征收机关年度开始接办，全年收数，尚在待征期内，无可查填。总计关税、统税两项国税，凡三百零二万二千五百九十元。

教育

南京教育文化素未发达，成绩亦较上海、北平为逊，溯自建都以还，学校教育、社会教育骤见进展，渐呈蓬勃之象，截至二十三年调查时止，各种各级学校，统计校数在三百以上，学额行达五万人，教育经费逐年增至五百二十二万余元（特种专门学校经费除外）。各级学校教育、各种社会教育及所有文化团体，分志表明于左：

学校教育

学校教育，分小学、中学、大学三部，而以幼稚园、私塾附于小学部。

初等教育 京市初等教育，计有市立完全小学三十九校，市立义务小学三十校，各部、各厅公立小学六校，私立小学四十六校，统计凡一百二十一校。共有学生二万九千二百七十七人，内计男生一万七千四百一十八人，女生一万一千八百五十九人，分为六百八十九级，任用教职员一千二百六十二人，年支经费一百四十九万余元。统计如左表：

南京市小学教育统计表

校别	校址	校长	立别	学级数	学生数（人）	教职员数（人）	全年经费数（元）	备注
逸仙桥小学	逸仙桥西	闵毅成	市立	一六	七四五	二九	二〇、七一二	
大行宫小学	大行宫	周仁华	市立	七	三〇三	一四	九、〇三六	
邓府巷小学	中山路二段	徐雁宾	市立	六	三二四	一二	八、一六六	
大中桥小学	光华西门	周金铎	市立	五	二二三	一〇	六、三八四	
卢妃巷小学	曾公祠	叶继祖	市立	八	四二六	一九	一〇、四〇四	
游府西街小学	蔡家花园	董景芬	市立	八	四二五	一八	九、七五六	
三条巷小学	三条巷	丁超	市立	一二	五八〇	二四	一四、〇七六	
武定门小学	小心桥	王桂林	市立	一〇	三八八	一九	一三、九五六	
马道街小学	马道街	吴瑞芳	市立	一二	五一八	二三	一五、三八四	
新廊小学	长乐路	查鸿藻	市立	一一	四七六	二二	一三、一八八	
小西湖小学	小西湖	张家衡	市立	一三	五四二	二四	一五、二〇四	
荷花塘小学	门西荷花塘	章炳生	市立	六	三〇七	一三	七、八三六	
仓顶小学	门西仓顶	刘渤	市立	六	二四二	一二	七、七七六	

续表

校别	校址	校长	立别	学级数	学生数（人）	教职员数（人）	全年经费数（元）	备注
船板巷小学	船板巷	郑德瑾	市立	一二	五六八	二九	一四、一九六	
米行街小学	雨花路	丁正图	市立	六	二六六	一二	七、七四六	
府西街小学	府西街	王芷湘	市立	一一	四七八	二二	一四、〇五二	
淮清桥小学	新姚家巷	蔡桐	市立	五	一九一	一〇	六、二六四	
砂砞巷小学	大砂砞巷	张毓华	市立	九	二九四	一六	八、七九六	
升平桥小学	升平桥	王道隆	市立	九	三四五	一八	一〇、八三六	
夫子庙小学	夫子庙	闵绍謇	市立	一六	七四六	二九	一八、三四八	
督粮厅小学	许家巷	夏徵琬	市立	一一	五三〇	二四	一三、一八八	
考棚小学	下江考棚	胡博泉	市立	八	三三二	一七	九、七五六	
信府河小学	信府河	杜文炘	市立	六	二二七	一三	七、五九六	
评事街小学	评事街	张曼和	市立	一四	五八二	二六	一九、八四八	
仓巷小学	大丁家巷	魏敦义	市立	一〇	四〇三	一九	一二、八六四	
汉西门小学	牌楼街	梅荣生	市立	一〇	四六二	二一	一二、一八〇	
高井小学	丰富路	汪慧秀	市立	七	三〇三	一五	九、〇七二	
登隆巷小学	登隆巷	仇良弼	市立	九	四三一	一七	一一、八五六	
崔八巷小学	崔八巷	吴幼之	市立	八	四四七	一七	九、八七六	
徐家巷小学	徐家巷	童文旭	市立	六	二四一	一三	七、六五六	
莲花桥小学	莲花桥	张履芬	市立	一四	六九〇	二七	一九、五六〇	
新菜市小学	湖北路	高蛰苏	市立	八	三八五	一五	一〇、五三六	
三牌楼小学	清凉古道	顾开轩	市立	六	二七八	一五	八、〇七六	
兴中门小学	兴中门外	马式武	市立	一三	六五五	二五	一五、四六八	
下关小学	下关虹门口	樊子山	市立	八	三五八	一六	九、六九六	
浦口小学	浦口铁路街	王宪章	市立	七	二四五	一六	九、二四三	
绿筠花圃小学	三牌楼	孙咸贵	市立	五	一七七	一〇	六、三二四	
鼓楼小学	中山北路	卢注	市立	一一	五三六	二二	一三、〇〇八	

续表

校别	校址	校长	立别	学级数	学生数（人）	教职员数（人）	全年经费数（元）	备注
五台山小学	干河沿	程瑶	市立	六	二三九	一二	七、五九六	
光华门义务小学			市立	四	一六二	四	二、三五二	
英威街义务小学			市立	四	一九八	四	三、〇一二	
午朝门义务小学			市立	三	一四七	三	二、一八四	
明孝陵义务小学			市立	二	五六	二	一、三九二	
老府桥义务小学			市立	六	二八八	六	三、四四四	
仙鹤街义务小学			市立	六	二九二	六	三、四九二	
边营义务小学			市立	五	二一一	五	二、九一六	
长乐路义务小学			市立	四	二二二	四	二、八二〇	
钓鱼台义务小学			市立	四	一七五	四	二、四九六	
铜坊苑义务小学			市立	四	一七一	四	二、六八八	
钞库街义务小学			市立	四	一八七	四	二、三五二	
窑湾义务小学			市立	二	九三	二	一、八一二	
朝天宫义务小学			市立	六	三一一	六	三、四九二	
程善坊义务小学			市立	六	三〇四	六	三、四四四	
莫愁湖义务小学			市立	五	二三八	五	二、九一六	
秣陵路义务小学			市立	四	一六六	四	二、三五二	
龙蟠里义务小学			市立	四	一八〇	四	二、五〇八	
丰富路义务小学			市立	三	一四五	三	二、二八〇	
汉中路义务小学			市立	二	九一	二	一、八七二	
盐仓巷义务小学			市立	五	二三九	五	二、九一六	
红板桥义务小学			市立	四	一七七	四	二、八三二	
龙江桥义务小学			市立	四	一九二	四	二、三五二	
挹江门义务小学			市立	三	一三〇	三	二、四〇〇	
岔路口义务小学			市立	二	九五	二	一、三九二	

续表

校别	校址	校长	立别	学级数	学生数（人）	教职员数（人）	全年经费数（元）	备注
太平门义务小学			市立	二	九六	二	一、二七二	
昆明义务小学			市立	一	六五	二	一、二〇〇	
小河南义务小学			市立	一	七五	二	一、三九二	
中正街义务小学			市立	六	二七五	六	三、六六〇	
承恩寺义务小学			市立	六	二八五	六	三、四九二	
中华门义务小学			市立	四	一七六	四	二、三五二	
首都第一交通职工子女学校	下关天保里	黄震球	公立	六	一四三	一〇	九、五二八	交通部设立
首都第二交通职工子女学校	琵琶巷	朱芸香	公立	六	一二〇	一〇	九、四〇八	交通部设立
浦口扶轮小学	浦口东后河沿	丁赞熙	公立	一〇	四九〇	一八	一〇、八四八	铁道部设立
南京扶轮小学	下关东站	倪应尹	公立	九	二五九	一五	一〇、三八〇	铁道部设立
金陵兵工厂工人子弟学校	中华门外老君庙	贾逸孚	公立	一一	四三八	二〇	九、二六四	军政部设立
首都警察子弟学校	慧圆街	魏戛民	公立	四	一五三	八	七、五九六	警察厅设立
东方中学附属小学	国府路	陆自衡	私立	六	三五五	一一	五、五九二	
佛教会小学	公园路	颜宝定	私立	三	一二七	三	一、二〇〇	
湖南旅京小学	二郎庙	陈涤瑕	私立	四	一八九	一〇	五、四四八	
益智小学	户部街	姚开第	私立	七	三四二	一四	四、八〇〇	
诚本小学	胭脂巷	戴笠畴	私立	三	九二	六	九〇〇	
育群小学	中华路二段	鲍文年	私立	六	二一〇	二七	六、五六四	
孝孺小学	雨花台	方秉彝	私立	一	三一	四	五五二	

续表

校别	校址	校长	立别	学级数	学生数（人）	教职员数（人）	全年经费数（元）	备注
普善小学	雨花台	张联捷	私立	一	三一	二	四八〇	
兴育小学	箍桶巷	徐承禄	私立	三	一一三	五	一、〇〇〇	
经纬小学	中华门外	杜龙翔	私立	四	一五八	八	四、〇三二	
务本小学	小王府	金念劬	私立	二	五八	五	七二〇	
崇穆小学	大礼拜寺巷	马俭余	私立	四	一六八	一〇	三、二六四	
安徽中学附属小学	登隆巷	刘政均	私立	六	一八一	一一	三、八四〇	
崇文小学	兴中门外	李汝寅	私立	五	二一〇	八	三、六〇〇	
清真小学	吉兆营	金皎鹤	私立	五	一五九	五	二、五六八	
崇穆小学第二院	三牌楼	马殿臣	私立	一	五〇	三	四八〇	
俭德小学	下关天保路	陈汉清	私立	三	一一〇	一一	二、八八〇	
定淮第一农村小学	晚市租灯巷	刘是达	私立	一	三七	二	七二〇	
武台乡农村小学	鸡鸣寺	陈肇仪	私立	一	三〇	一	一二〇	
龙江小学	下关绥远路	陆伯衡	私立	五	二一一	八	三、六〇〇	
中华女中附属小学	保泰街	童润之	私立	七	三五八	一六	六、九九六	
钟阜小学	小北门	童启照	私立	一	四八	一	三八四	
佘儿岗农村小学	晓庄口	胡桐炳	私立	二	四七	六	六九六	
鼓楼小学	鼓楼南街	张圻	私立	三	一一〇	一〇	二、四〇〇	
新民小学	萨家湾	杨集成	私立	六	二三一	一一	九、二八八	
丰润乡小学	高楼门百子亭	钱敌	私立	三	一〇〇	四	一、二二四	
清凉村第一小学	古林寺	孙承恩	私立	一	四一	一	五一六	
清凉村第二小学	清凉山	孙承恩	私立	一	四一	一	三三六	
崇淑小学	大全福巷	程志芳	私立	八	三六二	一三	七、九二〇	
明德女子小学	汉西门四根杆子	张香兰	私立	六	一六七	一一	六、〇〇〇	

续表

校别	校址	校长	立别	学级数	学生数(人)	教职员数(人)	全年经费数(元)	备注
益智第二小学	双乐园	潘济尘	私立	六	一〇三	五	一、六八〇	
义兴小学	东花园白鹭洲	王杰	私立	二	五二	三	一六八	
敦穆小学	大胶巷	陶杰	私立	一	二七	四	二八八	
敦穆小学	草桥	刘惠民	私立	二	六〇	二	一五六	
华南初级中学附属小学	周必由巷	贺维玉	私立	三	一四五	五	四、八〇〇	
东台庵小学	下关热河路	韩丙炎	私立	四	五〇	六	四八〇	
进修小学	估衣廊	周立三	私立	四	一二九	八	二、四〇〇	
汇文附设畲清小学	估衣廊	钟美琏	私立	八	二八二	一二	四、八〇〇	
清源小学	鸡鹅巷	林克雄	私立	四	二一三	一一	二、一二〇	
仪风区农村小学	挹江门内龙池庵	陈景农	私立	二	七七	三	七〇八	
国难小学	韩家巷	金有庚	私立	六	一九二	八	三、二四〇	
下关清真小学	兴中门外清真寺	虎臣	私立	一	五〇	一	三〇〇	
汇文女中附设小学	富民坊	钟美琏	私立	五	一二六	七	三、〇八四	
道胜小学	挹江门口	沈子高	私立	一〇	三三三	二二	八、一八四	
黄风义务小学	下关圣公会	沈子高	私立	四	八〇	二〇		该校开支由道胜小学供给
智德小学	建邺路	何述高	私立	一	三八	三	三六〇	

幼稚园　京市各校幼稚园,计有市立十六校,私立五校,统计二十一校,共有幼稚生一千一百二十八人,内计男生六百二十八人,女生五百人,任用保姆四十二人,年支经费二万五千二百七十二元。列表如左:

南京市幼稚园统计表

园别	园址	校长	立别	儿童数			保姆数	经费数(元)	备注
				男	女	计			
逸仙桥小学幼稚园	逸仙桥	闵毅成	市立	四四	三一	七五	二	一、三八〇	
卢妃巷小学幼稚园	卢妃巷	叶继祖	市立	三四	二七	六一	二	一、三八〇	
武定门小学幼稚园	小心桥	王桂林	市立	二一	二四	四五	二	一、三八〇	
马道街小学幼稚园	马道街	吴瑞芳	市立	二八	三四	六二	二	一、三八〇	
仓顶小学幼稚园	仓顶	刘渤	市立	一八	一四	三二	二	一、三八〇	
府西街小学幼稚园	府西街	王芷湘	市立	二〇	一九	三九	二	一、三八〇	
砂珠巷小学幼稚园	砂珠巷	张毓华	市立	二七	一九	四六	二	一、三八〇	
升平桥小学幼稚园	升平桥	王道隆	市立	三〇	一八	四八	二	一、三八〇	
夫子庙小学幼稚园	夫子庙内	闵绍骞	市立	三〇	二五	五五	二	一、三八〇	
督粮厅小学幼稚园	许家巷	夏澂琬	市立	四二	二二	六四	二	一、三八〇	
评事街小学幼稚园	评事街	张曼和	市立	二八	二二	五〇	二	一、三八〇	
仓巷小学幼稚园	大丁家巷	魏敦义	市立	三〇	二四	五四	二	一、三八〇	
崔八巷小学幼稚园	崔八巷	吴建勋	市立	三九	二九	六八	二	一、三八〇	
莲花桥小学幼稚园	莲花桥	张履芬	市立	四一	二三	六四	二	一、三八〇	
三牌楼小学幼稚园	清凉古道	顾开轩	市立	三一	二〇	五一	一	一、三八〇	
兴中门小学幼稚园	兴中门外	马式武	市立	四〇	三四	七四	二	一、三八〇	
畲清女学幼稚园	估衣廊	钟美琏	私立	三四	三一	六五	二		
新民小学幼稚园	萨家湾	杨集成	私立	二二	一七	三九	三		
佘儿岗幼稚园	佘儿岗	胡桐炳	私立	一一	一〇	二一	一		
鼓楼幼稚园	头条巷	陈鹤琴	私立	三五	三五	七〇	三	一、九九二	由江苏省教育经费管理处补助
道胜小学幼稚园	挹江门外	沈子高	私立	二三	二二	四五	二	一、二〇〇	

私塾　京市私塾，统计凡五百七十四所，共有学生一万四千九百九十五人，内计男生一万二千零五十四人，女生

二千九百四十一人。从前市府取缔甚严，故难查其真相，近以失学儿童太多，认准私塾充识字教育机关，责成各区公所分任指导调查，力加改良，以期适合现代教育。其散布各区数量如左表：

南京市私塾分区统计表

区别	塾数	男生	女生	学生总数
第一区	七五	一、七八〇	五四三	二、三二三
第二区	五一	一、一四一	二八八	一、四二九
第三区	六六	一、三八五	四〇九	一、七九四
第四区	一四一	二、九四九	七〇七	三、六五六
第五区	一一三	二、七〇九	五〇五	三、二一四
第六区	二六	五八五	一七七	七六二
第七区	六四	一、〇五九	二五六	一、三一五
第八区	三八	四四六	五六	五〇二
合计	五七四	一二、〇五四	二、九四一	一四、九九五

中等教育　京市中等教育，计市立一校，私立二十二校，统计凡二十三校。共有学生七千二百七十人，内计男生五千三百八十一人，女生一千八百十九人。共分一百七十级，内计初中一百零九级，学生四千四百八十九人；高中五十九级，学生二千六百八十九人；师范班二级，学生九十四人。任用教职员六百六十一人，年支经费七十万零四千余元。统计如左表：

南京市中等教育统计表

校别	校址	校长	立别	学级数			学生数			教职员数	全年经费数（元）
				初中	高中 师范	高中 普通	初中	高中 师范	高中 普通		
第一中学	府西街	李清栋	市立	九	二	三	二六七	九四	一〇七	四六	五九、九五二
南京安徽中学	白下路	姚文采	私立	七	丨	七	五二八	丨	四六九	六六	六三、三九六
汇文女子中学	中山北路二段	刘芬资	私立	八	丨	三	三三八	丨	一一〇	三九	四七、一一二
金陵大学附属中学	干河沿	张坊	私立	一二	丨	九	四二五	丨	三三四	六七	九一、八〇〇
钟英中学	南捕厅	余介侯	私立	五	丨	四	二八〇	丨	二二九	三六	二四、九九六
青年会中学	中华路	周瑞璋	私立	三	丨	三	一〇三	丨	六七	二二	一五、六八四
育群中学	中华路	鲍文年	私立	一〇	丨	二	三九四	丨	七九	三四	二三、一四八
中华女子中学	保泰街	童润之	私立	五	丨	三	二〇九	丨	一二七	二九	四六、九九六
东方中学	国府路	陆自衡	私立	三	丨	四	一八四	丨	二五三	二九	四四、六二八
五卅中学	十庙口	丑伦杰	私立	三	丨	三	一四八	丨	一五一	二七	二四、九九六
乐育中学	绒庄街	卢钱寿	私立	三	丨	三	六一	丨	一一〇	二六	三〇、九九六
成美中学	大香炉	周寄高	私立	六	丨	三	二四一	丨	一三四	二二	三三、九九六
三民中学	龙蟠里	熊冲	私立	四	丨	四	一〇五	丨	一九五	三四	四〇、一〇四
钟南中学	石板桥	乔一凡	私立	六	丨	五	二八九	丨	二四二	三二	六一、九九二

续表

校别	校址	校长	立别	学级数			学生数			教职员数	全年经费数（元）
				初中	高中		初中	高中			
					师范	普通		师范	普通		
金陵女子文理学院附属高级中学	东洼市	吴贻芳	私立	|	|	二	|	|	四二	一〇	该校经费与金陵女子文理学院合算
冶城初级中学	安品街	雷子居	私立	三	|	|	一七一	|	|	一八	二一、三九六
两广中学	四象桥邀贵井	蒋默掀	私立	四	|	|	一七七	|	|	二三	一二、〇〇〇
华商初级中学	周必由巷	贺维玉	私立	三	|	|	一五〇	|	|	一四	一二、〇〇〇
现代初级中学	长乐路	曹光昭	私立	三	|	|	五二	|	|	一四	六、〇〇〇
行健中学	三条营	罗鸿诏	私立	三	|	|	五七	|	|	一七	一〇、〇二〇
学艺初级中学	秣陵路	孙德修	私立	三	|	|	六四	|	|	一四	一〇、二九六
首都女子初级中学	杨将军巷	同伯亭	私立	二	|	|	六五	|	|	一六	一一、二二〇
京华初级中学	西八府塘	傅况麟	私立	四	|	一	一七九	|	三九	二六	一一、八二〇

高等教育 南京高等教育，具有悠久历史，成绩最著者，为中大、金大及金陵女子文理学院等校。现有学生二千八百九十八人，教职员八百零二人，年支经费凡二百九十一万余元。其他国立特种专门学校，如中央政治学校、军官学校、军需学校、陆军大学、航空学校、测量学校、步兵学校、工兵学校、炮兵学校、遗族学校等，率为建都后所新设。因非调查范围所及，从略。仅就中大、金大及金陵女子文理学院，分述统计于左：

中央大学，初就两江优级师范，开办国立南京高等师范学校，成立于民国前三年。十年九月成立东南大学，十二年秋南高、东大合并。十六年七月国府颁行大学区制，将江苏教育厅河海工科大学、上海商业大学、江苏法政大学、江苏医大、南京工专、苏州工专、上海商专、南京农专等八校，并为第四中山大学区。十七年三月改名江苏大学。十七年五月更今名，分设文、理、法、医、农、工、商、教育八院。

金陵大学成立于民元前二年，由汇文、宏育两书院合并而成。民国三年，东方医科大学复并入该校。十年七月核准立案，十七年九月经大学院复准立案，分设文、理、农三院。

南京市高等教育统计表

校别	校址	院数	学生数	教职员数	经费数（元）
中央大学	四牌楼	八	二、一四六	五六七	二、一六六、二四七
金陵大学	鼓楼	三	五七三	一八七	六八九、三三三
金陵女子文理学院	东瓜市	二	一七九	四八	五八、〇九五
合计		一三	二、八九八	八〇二	二、九一三、六七五

尚有气象研究所，地址北极阁，专为研究气象而设。

社会教育

京市社会教育，有国办、省办、市办及私人办理之分。国办社教，有全国运动场、古物保存所。省办社教，有江苏省立公共运动场、革命博物馆。市办社会教育，有学校三十一所，团体八处。私人办理之社会教育，有补习学校十九所。

市办社教学校　计有民众学校二十八所，补习学校二所，盲哑学校一所，容纳学生二千四百零四人。内有男生一千四百九十二人，女生九百一十二人。任用教师八十七人，年支经费四万八千八百七十八元。统计如左表：

南京市社教学校统计表

校别	校址	级数	学生数	教师数	全年经费数（元）	备注
盲哑学校	船板巷	一〇	六四	一二	九、六九八	盲哑各五级，男四十人，女二十四人
职业补习学校	建康路	六	二三四	一四	一三、九二〇	分商业、女子职业、速记打字三科，簿记会计、商业补习、电业补习三班
妇女职业补习学校	夫子庙	三	一二九	八	四、八〇〇	全日制二级，半日制一级
第一民众学校	大百花巷	三	一五〇	四	二、五六八	
第二民众学校	下关中山桥	三	一二八	四	二、四一二	
第三民众学校	中山路上乘庵	三	一八九	四	一、六六八	
第四民众学校	钓鱼台	三	一五〇	四	一、八二四	
第五民众学校	仓巷桥	三	一四五	四	一、八六〇	
第六民众学校	中华东门	三	一二九	四	二、四二四	

续表

校别	校址	级数	学生数	教师数	全年经费数（元）	备注
第七民众学校	生姜巷	三	一〇六	四	二、四二四	
第一民众夜校	三牌楼	三	一四〇	五	四八〇	
第二民众夜校	保泰街	一	四四	一	二四〇	
第三民众夜校	中山门	一	四〇	一	二四〇	
第四民众夜校	三条巷	一	五四	一	二四〇	
第五民众夜校	评事街	一	四六	一	二四〇	
第六民众夜校	奇望街	一	四一	一	二四〇	
第七民众夜校	中华路	一	四五	一	二四〇	
第八民众夜校	马道街	一	四三	一	二四〇	
第九民众夜校	升平桥	一	三七	一	二四〇	
第十民众夜校	信府河	一	四〇	一	二四〇	
第十一民众夜校	窑湾	一	四一	一	二四〇	
第十二民众夜校	吉兆营	一	五四	一	二四〇	
第十三民众夜校	鼓楼	一	四五	一	二四〇	
第十四民众学校	兴中门外	一	四一	一	二四〇	
第十五民众学校	船板巷	一	四九	一	二四〇	
第十六民众学校	邓府巷	一	三四	一	二四〇	
第十七民众学校	府西街	一	四二	一	二四〇	
第十八民众学校	夫子庙	一	三六	一	二四〇	
第十九民众学校	逸仙桥	一	四〇	一	二四〇	
第二十民众学校	崔八巷	一	三二	一	二四〇	
第二十一民众学校	莲花桥	一	三六	一	二四〇	

南京社教机关　由中央办理者二，江苏省办者二，经费职员数未详。由南京市办者，计有三馆五会及游泳场、讲演团、阅报牌等。共用职员四十三人，年支经费二万六千余元。兹将各机关等概况，列表于左：

南京市社教机关概况表

机关别	地址	数	教职员数	全年经费（元）	内容概要
全国运动大会场	灵谷寺	一	七	一六、一二八	内设各项运动场及游泳池
中央研究院博物馆	成贤街	一			
古物保存所	明故宫	一			内分楼上、楼下两大陈列室，陈列历代遗物，任人参观
江苏革命博物馆	使署口	一			内陈设苏省革命同志遗物及杂志报章
江苏省公共运动场	大中街半边街	一			内分网球场、足球场、篮球场、田径赛场、台球场等
市立民众图书馆	夫子庙	一	七	一六、一二九	分总务、编藏、阅览三部，有图书阅览室、儿童阅书室、藏书室及图书出纳处
首都实验民众教育馆	三牌楼	一	六	六、七八〇	内分语文、政治、健康、休闲、家事、社交、生计七种教育目标，举办各种事业
市立九龙桥游泳场	共和门外	一	二	四二四	岸设更衣室、休息室等，并备救护船两艘，该场经费年领四个月
民众阅报牌	本市城厢内外	二七		三二四	由市立民众图书馆办理
通俗讲演团	市社会局	一	二		由社会局派员会同社教机关职员组织之，分巡回演讲、特约演讲、无线电播音演讲三种

续表

机关别	地址	数	教职员数	全年经费(元)	内容概要
戏剧审查委员会	奇望街	一	一〇	一、四四〇	由市党政机关派员组织，共同审查各戏剧场所呈送戏目内容
职业指导委员会	市社会局	一	一一		办理京市升学指导、择业指导及职业调查与统计等事项
文献委员会	市社会局				组织中
市体育委员会	市社会局				组织中
市民众教育委员会	市社会局	一	五		计划本市民众教育一切推行事宜
八卦洲农民教育馆	八卦洲	一			筹设中

私立补习学校　计十九校，校址设备略具，而学生多少无定，修业期限长短不一。经费多恃学费维持，均无定数，兹将校名、地址及其课程程度，列表于左：

南京市私立补习学校概况表

校别	校址	校长	课程及程度	注册年月	备注
东文补习学校	老王府后街	游无为	日文日语，中学毕业程度	十八年二月	
国英算日夜补习社	珠宝廊	李尧光	国、英、算三科，小学至中学程度	二十一年四月	暂准试办
中华女子服务社妇女半日学校	花市大街	胡亚兰	党义、国语、算学、尺牍等，小学程度	十八年六月	
一新妇女职业补习学校	吉兆营	袁希侃	半工半读性质，国语、信札、党义、珠算、常识、图画、音乐、英文、手工、缝纫、编织，小学至中学程度	十九年一月	

续表

校别	校址	校长	课程及程度	注册年月	备注
新民中西文打字传习所	韩家巷口	黄本谦	华文、英文打字两科	十八年一月	二十二年六月改定校名
青年会补习学校	府东街	周瑞璋	国、英、算、德文、打字、簿记，初中程度	十七年二月	
女青年会补习学校	碑亭巷	陈世箴	英、国、算、钢琴、党义、音乐、体育、卫生，初中程度	十九年六月	
下关补习学校	下关大马路	卜少天	国、英、日、算、美术、簿记、英文、速记及打字，初中、高中程度	二十年一月	
亚东补习学校	黄家塘	吴禾村	国、英、数理、速记，初中、高中程度	二十一年四月	暂准试办
首都妇女补习学校	成贤街	唐国桢	国、算、常识，小学程度	十七年八月	
南洋补习学校	党家巷	杨泽霖	国、英、算三科，中小学程度	二十年七月	
实用职业补习学校	头条巷	邓廉	打字、速记、会计、汽车修理、驾驶等班	二十一年九月	
中央补习学校	党家巷	江世义	国、英、算、政治、经济等科	二十二年二月	
求是补习学校	大石桥	丁经常	国、英、算三科，中小学程度	二十一年九月	
春风补习学校	鼓楼	杨柱流	国文，中小学程度	二十二年九月	准试办三月
钟山中日文补习学校	洪武路	倪光和	国文、日文	二十年二月	准试办六月
国民营业联合会电业函授学校	大石坝街	李士彦	实用电学	二十二年一月	准试办六月
女子法政讲习所	杨将军巷	童杭时	法学各科	十八年五月	
药学讲习所	红花地	陈朴	药学各科	二十年十月	

文化事业

京市文化事业，在昔有江南图书馆，藏书十九万册。自国府建都，市府成立以来，宣传文化之新闻事业，研究文化之学术团体，秉承中央之指导，努力提倡创办，成绩斐然，远非昔比。爰志一二，用见首都文化骤进之一斑。

图书事业 以江苏省立国学图书馆历史为最长，藏书为最富。该馆于清道光年间由两江总督陶文毅公所置，初就龙蟠里盋山园之旧址改建，为诸生讲学之处。光绪末年苏抚端方奏准改为江南图书馆，购钱塘丁松生所储宋刊四十种，元刊百种，藏置其中，供众阅览。厥后馆名改变无常，至民国十八年改称今名。

该馆所藏书籍，大部购自钱塘丁氏，所储丁氏之书，计宋刊四十种，元刊约百种。宋版书有经部八部，史部十四部，子部八部，集部十部。元版书有经部二十五部，史部二十四部，子部二十三部，集部二十六部。其最珍贵者，一为四库修书底本，如李杞之《周易详解》，俞汝言之《春秋平义》；一为名人精写稿本，如厉鹗《东城杂记》，《武林石刻记》之类。此外尚有武昌范月槎之藏书四千五百余种，有宋教仁遗书，都凡十八万九千五百余册，善本约居三分之一。

新闻事业 以日报为较发达，通讯社及定期刊亦风起云涌。曾经登记之新闻纸，计一百七十八，注销一百零三。现有日报社二十九家，通讯社四十八家，杂志社三十六家。各省市日报分销处十四家，中西派报社二家。各种报章内容有目共赏，毋烦赘述，兹将各报名称、地址，分列于后：

甲、日报二十九家之名称、地址如左：

名称	地址	名称	地址
中央日报	珍珠桥	新京日报	二廊庙
中国日报	明瓦廊	民生报	新街口
新中华报	贡院西街	新民报	走马巷
南京晚报	建康路	新南京晚报	党公巷
青白报	平江府	人民晚报	估衣廊
三民导报	中正路	救国日报	一枝园
大风日报	三条巷	新中国报	长乐街
远东报	平江府	晓报	踹布坊
评论时报	西八府塘	南京晨报	长乐路
边事日报	绒庄巷	党军日报	黄埔路
中华京报	许家巷	南京早报	建康路
民治导报	新街口	民信日报	朝天宫西街
石头报	胡家巷	南京日报	评事街
宁报	旧王府		

乙、通讯社四十八家之名称、地址如左：

名称	地址	名称	地址
中央通讯社	洪武路	日日新闻社	小丰富巷
正气新社	破布营	民族通讯社	洪武路
南京通讯社	党公巷	诚言通讯社	箍桶巷
大通新闻社	抄纸巷	远东新闻社	平江府
光华通讯社	五马街	时事通讯社	长乐街
中华通讯社	半边街	新闻通讯社	白下路

续表

名称	地址	名称	地址
多闻社	游府西街	新西北通讯社	鸡鹅巷
大公新闻社	小板巷	中国新闻通讯社	白下路
大中华通讯	内桥湾	政闻通讯社	陆家湾
时事电讯社	洪武路	江宁通讯社	徐家巷
鸣鸣通讯社	百子亭	全球通讯社	淮海路
国西电讯社	百子亭	国光新闻社	华侨路
中原新闻社	新街口	亚光通讯社	建康路
商业新闻社	莲子营	东南通讯社	中正路
国民新闻社	马道街	建国新闻社	中正街
新新通讯社	鸡鹅巷	现代新闻社	信府河
外交电讯社	市府路	民权通讯社	估衣廊
捷新通讯社	绒庄街	中国民立新闻社	许家巷
亚洲新闻社	长乐路	大同新闻社	党公巷
大无畏新闻社	洪武路	华夏新闻社	富民坊
长江通讯社	邀贵井	中国通讯社	汉中路
太平洋通讯社	姚家巷	东亚新闻社	吉兆营
南京边闻电讯社	绒庄街	中国电讯社	淮海路
华侨通讯社	长乐路	时时新闻社	党公巷

丙、杂志社三十六家之名称、地址如左：

名称	地址	名称	地址
社会杂志社	龙王庙	俄罗斯研究社	傅德桥
妇女共鸣社	成贤街	时事月报社	鼓楼
政治评论社	龚家桥	华侨半月刊社	新街口

续表

名称	地址	名称	地址
青年旬刊社	富民坊	不忘杂志社	新街口
现代生活社	周必由巷	时代公论社	中央大学对面
亚东杂志社	羊皮巷	国民外交杂志社	马府街
动向周刊社	西八府塘	商声社	新桥中市
清道周刊社	邓府巷	电友月刊社	高家酒店
图书评论社	国立编译馆	国际译报社	国府路
国风社	蓁巷	建国月刊社	成贤街
交通杂志社	大丰富巷	劳工月刊社	大石桥
金陵神学志社	汉西门金陵神学院	法律评论社	月牙巷
法治周报社	洪武街	农业周报社	破布营
西北问题报社	狮子桥	每周评论社	汉西门牌楼巷
大公周报社	钱庄街	中国革命周刊社	王府园
电业季刊社	大石坝街	革命公论社	石鼓楼
司法消息周刊社	汉西门柏果树	社会建设月刊社	狮子桥
农林新报社	金陵大学	儿童生活周刊社	太平路
蒙古前途月刊社	中央政治学校蒙藏班	新青海社	中央政治学校蒙藏班
法学丛刊社	丰富路		

丁、各省市日报十四家之名称、地址如左：

名称	地址	名称	地址
上海申报	建康路	申报办事处	平江府北街
上海时报	建康路	上海时事新报	朱雀路
时事新报办事处	朱雀路	时事新报下关办事处	京沪车站前
上海新闻报	建康路	新闻报办事处	姚家巷

续表

名称	地址	名称	地址
上海民报	姚家巷	上海中国晚报	中山路鼓楼忠实里
上海大晚报	朱雀路	天津大公报	建康路邮局东
天津益世报	国府路双福里四号	北平晨报	五马街胡宗援记报社

戊、派报社二家之名称、地址如左：

名称	地址	报别
汪宸记	永宁街永盛里四号	西报
胡宗援记	太平路五马街	中报

学术团体 自建都以来，各种学会学社，曾经登记有案者，亦如雨后春笋。截至现在，共计凡四十八种。成立迟早各异，会员多寡不等。平时各自举行干事会、研究会、讨论会，每年必各举行大会一次或数次。或以集会决议，交请执行；或以研究结果，供献社会，亦各有其相当之成绩。兹将学术团体四十八所之名称、地址，列表于左：

名称	地址	名称	地址
学术研究会驻京事务所	大中桥	南京图书馆协会	大中桥
首都幼稚教育研究社	细柳巷	中国经济学社	立法院经济委员会转
中华农学会	双龙巷	中国天文学会南京分会	鼓楼天文研究所内
中华林学会	双龙巷	中国算学研究会	南捕厅钟英中学
中华儿童教育社	府西街	三五法学社	杨将军巷女子法政讲习所

续表

名称	地址	名称	地址
全国国语教育促进会	三牌楼民教馆	中国社会学社	三牌楼中央大学社会学系
中国度量衡学会	造币厂度量衡检定所	中华学艺社南京分社	秣陵路学艺中学
中国矿冶工程学会	梅园新村	中国测验学会	中央党部
南京市书画研究会	仓巷	中国政治学会	高楼门中英庚款会
中国科学化运动协会	四牌楼蓁巷	新中国农学会	校尉营
中国计政学会	国府岁计局转	中国化学会	平仓巷
福建旅京学会	中大第二宿舍	中国医事改进社	周必由巷
新教育研究社	柏果树	中华民国国药学会南京分会	松涛巷
童子军学术研究会	鼓楼忠实里	新亚细亚学会	四牌楼蓁巷
中华政治经济学会	土街口寿康里	中国佛学会	中山路万寿寺
世界佛学会	逸仙桥	一九学社	国府文官处转
中国警察协会	平江府南街	南京市私塾改进会	洪武路
南京业余体育会	中央模范林局转	西北文化研究会	府西街市立一中
边疆学会	公园路支那学院	安徽旅京学会	考试院转
中华市政学会	丁官营	中国科学社南京分社	成贤街文德里
日本研究社	将军巷	中国土地学会	
中华职业教育社	府东街青年会	中华医学会南京支会	卫生事务所转
农村经济研究社	红庙	福建建设协进会	挹江门龙池庵
中国统计学社	交通部	宗教哲学研究社	细柳巷

建设

首都建设，经纬万端，当其计划建设之初，即有首都建设委员会之设立。整个计划，原分全市为政府区、军用区、高等教育区、公园区、第一住宅区、第二住宅区、第一商业区、第二商业区、第一工业区、第二工业区等十区。逐步分区建设，完成首都之大观。局部计划：在首都建委会，则有首都干路系统计划、次要干路计划、中央车站计划、无轨电车计划。在实业部，则有农林试验总场计划、乳牛场计划、中央机器厂计划。在军委会，则有巩固城防计划。参谋部则有民间防空计划。孔委员祥熙则有首都城内西北部风景林区造林计划。在陵园管理委员会，则又有陵园马路工程计划、陵园森林事业计划、陵园园艺事业计划，以期分工合作，美尽东南。第以指定之五项建设经费未能如数拨用，成绩遂未表见。荷兰庚款则以约未签定未拨，中义庚款改良北平市政之一部经费，亦未拨交，官地民地地价，官民均未照缴，仅恃铁路附捐之半及抵押借款三十万元，用以建设偌大之首都，铁路附捐又自二十年五月始行拨款，宜其计划多而成功少也。兹将历年建设事实上之报告，分为工程、公用，略志于左：

工程概况

交通　京市城北马路、市内铁路，已于下关开埠时完成。迄总理奉安，中山路、陵园路于以竣工。厥后首都建委会规定首都干路系统及次要干路路线，交由市府按年修筑。迨至二十三年三月，共计已成马路不过六十四公里八百公尺，展宽翻修旧路,不过十公里五五六公尺。刻在工程中者,亦不过七公里八九三公尺。马路既未完成,电车道路更无从实现。

造林 总理陵园在灵谷寺、明孝陵一带,曾培植天然林、种植林二千亩,在天堡城北部,保护野生林三千亩。十七、十八、十九三年曾种植松栎一百八十余万株。园内尚遗荒地七千亩,原定分期四年栽植,迄今仍多童濯。实业部征收灵谷寺南、马群之西、赵家桥以东金汤路一带民地,建设农林试验总场及中央农业研究所,计有地面二千五百七十亩,除附近马路辟有农场尚有林木外,其余所植松秧,十九未活。市府在清凉山、鸡鸣寺、北极阁、雨花台等处,会同中央模范林区管理局虽年有种植,向荣者稀。二十二年联合各林业机关,曾植人行道树一万余株,要塞掩护林五十五万五千二百五十株。风景林区造林计划,迄未实现。

城防 定都以后,曾改建中山、玄武、中华、挹江、光华、兴中、和平、武定七门,城垣亦略有修葺,京城称固。以之防匪则有余,以之防空,适见其多阻耳。

市屋 市内新建房屋,官署以交通部为最堂皇,校舍以中大为最阔大,营房、戏院亦具规模。住屋、民房在二十二年新修者,共计不过七千零五十八间,占有体积二万一千七百三十五立方公尺。市府拟定于政治区、住宅区、三牌楼宫后山三处,所建之廉价住屋,解决旗民居住问题者,仍未观成。

公用概况

电气 京市电气事业,由首都电厂经营。该厂原名江苏省立南京电灯厂，创于清宣统三年。自十七年建设委员会接办后，始更今名。厂内设备、路线装置，均加改革。市内路灯，亦装置齐全，电力充足，市容为之一变。该厂并营电力、电热，市内工业，多赖其扶助。

自来水 南京市自来水于十八年八月成立筹备处，发行特种建设公债三百万元，以二百万元专办自来水。十九年三月成立工程处，二十二年四月正式局部供水，计有水站五十处。现在给水水管，业已设通清凉门、清凉山、汉中路、中兴广场、逸仙桥、黄埔路、鼓楼、中山桥、湖南路、高楼门、十庙口、保泰街、成贤街、碑亭巷、中山东路、中正街、半边街、大仓园、国府路、上元路、太平路、朱雀路、中华路、贡院前街、下关永宁街、邓府巷等处，现正准备埋设者，尚有白下东路、下关商埠局、大马路、江口路、城南长乐路、集庆路、仓顶、地方法院前等处。

电话 由交通部直辖南京电话总局办理，局设党公巷。于下关、鼓楼分设自动机室，共装话机五千号。惟浦口一隅，仍用磁石式交换机，预备于最近三月内一律改设自动电话，此乃市内电话之设备。长途电话，计分京沪、京芜、京杭、江北四线，均可直接随时通话。惟京杭电话，须由江宁交换所转接。

公共汽车 由江南、兴华两汽车公司承办，兴华汽车仅通市区以内，江南汽车除通市区外，兼通京杭国道，共有汽车一百零八辆。市内每五分钟开车一次，驶行于夫子庙、中华门、国府路、下关、江边、汤山等处，行旅称便。

公园 原由首都建委会规定有公园区，各区亦分配公园地，因商埠繁荣有待，尚未动工。现由市府经营者，计有五洲公园、第一公园、莫愁湖公园、白鹭洲公园、秦淮小公园。由陵园管理委员会经营者，有总理陵园。各具丘壑，兼艺术化，足供市民之游憩。

公墓 首都建委会第一次开会，即由刘委员瑞恒提议促成公墓，取缔私墓及停柩案通过，交由市府办理，旋由市府择定大营盘地方为将来新葬公墓，指定青龙山、蓝家山为迁葬城内旧墓之用。宫后山一千八百余冢旧坟，委托代葬局正在迁葬中。

公厕 市府为建筑公厕便池，曾请核准征收热河路等八处民地，为建筑公厕之用。城内各处公厕，亦多改良建筑。

合作社 京市消费合作，计有中央政治学校消费合作社、民众消费合作社、中央党部消费合作社、厚生消费合作社、警察厅特务三中队消费合作社五处。均受市府监督，办理颇著成效。

度量衡 京市度量衡器，业经宣布划一。现除木业因其他省市尚未改用新器及民家尚留一部分旧器外，其余各业，均已改用新器。

卫生

京市卫生行政，前由卫生局承办，现由市府直接办理。对于清洁街市、保健防疫、登记医药各种卫生事业，则由清洁总队、屠宰场及卫生事务所分别办理。每年开支卫生事业费，凡二十八万余元。兹将卫生行政、卫生事业概况，略志于左：

清洁街市

由市府另设清道总队，总队之下，分设东、西、南、北、中、下关、浦口六路分队及特务分队与下关清洁所，专司道路之洒扫，垃圾之处置，河池清洁之保持，沟渠、菜场、柴场之检查，粪便之处置，厕所粪缸、粪坑、便池之登记管理及取缔，登记家犬，捕捉野犬，水船、粪船之检查及取缔。凡有关清洁之设计调查及指导事项，亦由该总队商承举办。

保健防疫

市府为保护市民健康起见，对于化验饮水，检查屠宰，均已分别施行。因京市饮水污浊，关系卫生极大，并赶办自来水厂，已于二十二年四月正式局部供水，其水质化验结果，实在南京市原有一切饮料之上。而于肉食，则专设屠宰场一所，专司牛、羊、猪只及其他兽类之屠宰检查。其无形增进市民之健康，实匪浅鲜。兹将京市自来水与原有饮料，列表比较于左：

卫生事务所内，共设防疫保健、医务、化验及总务四课，分设诊疗所六处，传染病院一所。各诊疗所医药，一概免费，仅于初诊收挂号铜元十枚，复诊收铜元五枚，以示限制。赤贫仍一律豁免。并办理接生及产前、产后检查，亦系义务性质，仅收材料费二元。夜晚例假，派员轮流值班，随时救治一切临时发生之急症。传染病院成立于二十二年六月，院址设下关商埠街外交宾馆。内设病床四十张，专收下列各病：一伤寒及副伤寒，二斑疹伤寒，三白喉，四天花，五鼠疫，六霍乱，七赤痢，八流行性脑脊髓膜炎，九猩红热等九种传染病症。计自分设以来，市民称便，平均每日市民往治者，有六七百人之多。兹将市设各诊疗机关，列表于左：

南京市立诊疗机关一览表

名称	地址	主管人或医师姓名	备注
卫生事务所	丰富路	王祖祥	
传染病医院	下关商埠街	倪颖原	设病床四十张
第一诊疗所	丰富路	俞佑世	
第二诊疗所	下江考棚	龚越平	
第三诊疗所	大中桥太平里	陈在永	
第四诊疗所	下关兴安里	姚之卓	
第五诊疗所	柳叶街施家巷	张恩祥	
第六诊疗所	三牌楼狗耳巷	李永刚	

登记医药　医师、药师、医院、药房，关系病者生命至巨；诊金过昂，关系贫病尤巨。京市自建都以来，人口激增，医药自由职业亦特多，均经调查登记在案。中西医士诊金，亦规定

标准，通饬遵行。兹将诊金标准及医药登记，分志于左：

南京市中西医士诊金标准

一、门诊诊金

甲、普通不得超过一元。

乙、拔号不得超过二元。

一、出诊诊金

甲、城内医士在城内出诊，下关、浦口医士在下关、浦口出诊，一律不得超过五元。

乙、城内医士赴下关、浦口出诊，下关、浦口医士赴城内出诊，一律不得超过十元。

丙、如遇急症，必须随请随到者，得酌量增加，但不得超过甲乙两项规定标准数目百分之五十。

一、出诊车资及其他使费，一律在诊金之内。

一、出诊不得拔号。

一、挂号费无论门诊、出诊，一律不得超过一角。

一、在医院内执业之医士，用本标准之规定。

京市除市立传染病医院及各诊疗所外，其他尚有登记备案之公私立医院三十五所。声请注册领取开业执照之医师一百三十一人。试验及格发给执照之国医四百二十一人。发给开业许可证之西药房十五家。最近调查完结之中药铺一百一十五家，接生婆六十六人。其姓名牌号因太多，从略。仅将公私立医院，列表于左：

南京市公私立医院一览表

院别	地址	院长姓名	病床数
国立中央医院	黄埔路	刘瑞恒	二二八
中央军校医院	黄埔路	卢致德	七〇
军政部第一陆军医院	细柳巷	郭昌锦	一、〇〇〇
陆军医院分院	中正街万寿宫		
鼓楼医院	鼓楼	谈和敦	一五五
又新医院	洪武路老王府	相又新	二〇
金陵疗养院	中山东路	包农辅	二〇
首都医院	糖坊桥五七号	蔡昆岗	一〇
赵氏医院	太平路磨盘街	赵士法	一〇
省三医院	浮桥十一号	任省三	一一
东南医院	杨将军巷八号	邹邦元	二〇
慕慈医院	石婆婆巷十九号	黄孟虞	一〇
板桥医院	石板桥三号	金铭良	一〇
鸣宇医院	建康路二六二号	金鸣宇	一〇
东南分医院	天寿里二十号	邹邦元	一〇
次屏慈善医院	颜料坊八三号	田履冰	一〇
百龄医院	国府路	谢百龄	一二
光中医院	香铺营	余光中	三〇
广中医院	上乘庵	程弈立	二八
康济医院	二廊庙四号	黄孟祥	二〇
三山医院	龚家桥九九号	董德新	一〇
升平医院	白下路一五六号	徐承基	一〇
粹华产科医院	火瓦巷二六号	夏粹华	一〇
樵山医院	火瓦巷五三号	苏樵山	一〇
济生医院	火瓦巷二九号	何济生	四〇
三民医院	中正路二七八号	曹宗焕	一〇
春生医院	姚家巷七号	杨春生	一〇
城南医院	新姚家巷	余霖	一〇
国民医院	中正路破布营四号	张宗田	一〇
中国国医医院	黄泥岗	方富健	一〇

续表

院别	地址	院长姓名	病床数
逢怡医院	黄泥岗	张逢怡	一〇
南京医院	大石桥	夏禹鼎	一〇
民生医院	四牌楼	胡嘉训	一〇
博爱医院	惠民桥七二号	程兰斋	二〇
首都警察厅警察医务所	红花地	陆俊	一〇
合计			一、八六四

救济事业

京市救济事业，有由市政府办者，有由各公共团体办者。市府所办救济事业，分为救济院、旗民给养、贫民贷款三种。公共团体举办者，以赈灾、施米、施粥、施药、施材、施茶、恤嫠、送诊、平粜、公学各种慈善事业为多。兹分志于次：

市办救济事业

市立救济院 系由前普育堂、救生局、乞丐收容所及济良所合并改组而成，已有四年之历史。内部组织共有妇女教养所、残老所、育婴所、游民习艺所、孤儿所、水上救护所六所。

妇女教养所 该所原分济良、贫妇、节妇三部，现合称为妇女教养总所。第一分所及第二分所并另设所生班，授以工艺，教之识字。该班原设有缝纫、织袜、毛巾、理发、络丝五种工艺。二十二年市府并拨款添设制鞋、手工两种。

残老所 该所系就原有之残废所及养老所合并而成。每月按口发给柴米盐菜钱，令其各自炊爨，现该所共收容残老六百余人，请求依次递补者，尚有四五百人。

育婴所　即前之育婴堂，该所收容之婴孩，大都均系被遗弃者或贫户送所留养者。所内哺养婴孩，乳粉与人乳兼用，并另设护士练习生以资看护。向分内带、外带、干带三种制度，近已一律领回，由所内哺养。关于请领抚育者，必须由所呈院核准登记。所内婴孩之死亡率，十九年为百分之七十余，二十年为百分之六十七八，二十一年为百分之六十一二，二十二年上半年为百分之三十余，其死亡率业已逐年减低。

游民习艺所　设在笆斗山，城内设有办事处。二十一年市府制发棉衣六百套，棉被三百五十床。二十二年该所更向军需处领得单衣服一万余套，所内游民之衣住问题，于以解决。至于所设工艺，原有园艺、芦席、草鞋、布骨、石印、铅印、木刻七种。二十二年市府为求扩充，拨款添设烧窑、木工、制伞三种，迫令学习，期养成其独立谋生能力。

孤儿院　以前院内素无孤儿专所之设立，至最近始成孤儿所。各所留养人所带之儿童，均一律收容于所内。惟于残废，仍准带一儿童以资扶助。

水上救护所　该所原名金陵救生局，成立于清嘉庆年间。洪杨兵燹后，江宁知府涂升经营规复，交由地方士绅主管。地址初在城内信府河，旋复迁至下关老江口。民国十六年收归市辖，十八年秋划入救济院。计有烈山、犊儿矶、大胜关、笆斗山、周家山、三港口分所六处。有救生红船十二艘，巡船二艘，巡划、飞划各一艘，专司保护长江水面失事船只及捞救水面浮尸事务。

总计该院全部经费，每年约需十四万元，临时费尚不在内。该院历年收容人数，十九年度凡一、九四二人，二十年度为二、一七三人，二十一年度为二、四一六人，二十二年上半年为二、四七〇人，大有与日俱增之势。而过去限于经费，无法扩充，现市府正拟增加经费，并勘定南门外雨花台附近基地数百亩，拟另建院址。

旗民给养　京市贫苦旗民，向由市府出资给养。是项给养，共分四种：一名养济给养；二名二分米折给养；三名学生给养；四名艺徒给养。养济给养，额定二百五十名，其中月给洋四元二角者四十名，月给洋三元九角者二百一十名。二分米折给养，额定一千七百名，十六岁以上者月给洋六角，十六岁以下者月给洋三角。学生给养，额定三百三十九名，其中月给洋一元二角者三百零七名，月给洋六角者三十二名。艺徒给养，额定一百九十二名，其中月给洋二元四角者一百四十六名，月给洋六角者三十二名，月给洋五元四角者六名，月给洋一元二角者六名，月给洋四元二角者一名，月给洋一元者一名。旗民具领给养，每人同时以一种给养为限。其请领养济给养者，须年在五十岁以上，贫苦无依，无不良嗜好，住居南京市区域以内。其请领二分米折给养者，须年在七岁以上。其余限制同前。以上四种给养，每月约需洋二千八百余元。此外每届冬令，例有冬赈，约需一千二百元。春季更有春赈，约需一千四百元。遇有死亡，并发给例材费每名三元。又每月发给医药费，约需百元左右。总计市府对于救济贫苦旗民,每年所费约需三万余元。

贫民贷款 南京非工商业中心,公营企业既不多见,私立工厂亦属寥寥。在昔缎业发达时,恃以为生者有十万余人。今受外货排挤,日趋衰落,失业者日众。加之近年农村经济濒于破产,百业凋敝,贫苦无告之人民,愈形激增。此种失业贫民,既受经济压迫,又乏生活技能,实为京市之隐忧。市府拟自经济方面予以扶助,特设贫民贷款所,俾藉公家资助,得作小本经营。该所基金暂定一万元,每人贷款自一元起至五元止。每次贷款还本以十星期为限,每两星期为一期,每期归还本银五分之一,贷本还清时,可继续再借。该所二十二年二月成立至七月底,计有贷户二百八十户,贷款一千四百九十七元。又有救济水灾园户临时贷款,贷额分十五元、十元甲乙两种,还期亦分两种,甲种分四期,乙种分三期,至二十二年一月还清,利息一概免除。

私办救济事业

私办救济事业,共有慈善团体四十四,救火会一十六,所办事业相同,惟成立年月各异。兹分为二表列举于左:

一、南京市私办慈善团体一览表

名称	地址	负责人	成立年度	事业概况	备注
崇善堂	金沙井三一号	周一鱼	民国纪元前百年前	保婴、恤嫠、赊材、施药、施米、施茶	
广丰备仓	汉中路罗汉寺湾	甘一琴	纪元前六五年	存谷防荒、筹办平粜、年终施粥	
宁郡义仓	雨花路义仓巷	魏家骅	纪元前六一年	冬季放粥、施材一半赊材、荒年平粜	
积善堂	十庙口	陆锡龄	纪元前六〇年	全施材、半赊、恤嫠	
继善堂	梧桐树	杨雨田	纪元前四八年	义学、施医、施茶	
乐善堂	李府巷	张斌	纪元前四六年	恤嫠	
有心继善堂	窑湾三十号	邵钜卿	纪元前三八年	施材、赊材、送诊、施药、恤嫠、掩埋、惜字	
崇仁堂	绒庄巷	鲁学恭	纪元前三八年	施材、恤嫠、放生、掩埋、施药、施粥	设有崇仁分堂
公善堂	鼓楼北区署傍	周歧山	纪元前三八年	掩埋死孩	
济善堂	南一区四圣堂	龚镜湖	纪元前三五年	恤嫠、施材	现奉令整顿
修善堂	估衣廊	刘友柏	纪元前三五年	保婴	
同善堂	雨花路雨花冈	陈涛荪	纪元前三五年	掩埋、施材	

续表

名称	地址	负责人	成立年度	事业概况	备注
广善堂	归家巷	周仲涛	纪元前三三年	施材、施外症药膏、施暑药、掩埋	
义兴善堂	东花园	张开寿	纪元前三四年	施材、施药、施茶、掩埋、惜字	
公善南堂	雨花台	陈秀山	纪元前三二年	义务小学、恤嫠、掩埋、施材、施药、设米	设有公善小学
兴善堂	箍桶巷	许翔	纪元前二九年	恤嫠、保婴、施材、施米、惜字	
抚善堂	安品街	叶廷琦	纪元前二三年	放粥、施材、施药、施米、送诊	
金陵义渡总局	李府巷	张斌	纪元前二二年	长江义渡	
普善堂	雨花路雨花冈	周梓园	纪元前二一年	初级小学、保婴、半赊材	
旋吉寄所	下关兴中门外	陶国铨	纪元前一八年	办理粤湘鄂三省同乡旋柩回籍、停柩、转葬等	
仁育堂	卢妃巷	潘国桢	纪元前一七年	施医、施药、施米、施茶、恤嫠、掩埋	
掩埋公所	中山桥	宗吴氏	纪元前一四年	掩埋、惜字、施茶、留养老弱妇女	
孝善赊材局	牛皮街	潘乐吾	纪元前一〇年	施材、半赊材	

续表

名称	地址	负责人	成立年度	事业概况	备注
性善堂	张家街四号	柴品三	纪元前一〇年	扫谷、掩埋、惜字	
代葬所	十庙口	刘友柏	纪元前九年	巡行掩埋、代葬露骨尸棺	
崇道善堂	钞库街四八号	涂云山	纪元前六年	施药、施衣、惜字	
惜荫善堂	科巷		纪元前三年	恤嫠	
开国纪念贫儿教养院	白下路	黄宗汉	民国元年	收养贫儿，教养兼施	
众志复善堂	使署街	董镛生	民国七年	施材、赊材、掩埋、惜字	
中华理教劝戒烟酒总会	龙王庙火瓦巷	张万有	民国七年	劝戒烟酒	
广利慈善会	绫庄巷	蒋汝正	民国八年	贷济、夏药、冬赈	
下关乐善会	下关	许石泉	民国九年	施医、施药、施材、施衣、施粥、恤嫠、掩埋，设有童江学校	
俭德储蓄会南京分会	下关二马路	金济孙	民国九年	设施义务教育、宣传俭德，设有南京俭德公学小学部	
慈善惜字总会	绫庄巷	王兆祥	民国十一年	惜字、掩埋、施材	

续表

名称	地址	负责人	成立年度	事业概况	备注
世界红十字会南京分会	大香炉	魏家骅	民国十一年	赈灾、掩埋、救护、施药、施材、施衣、施米、施粥、设有贷济处	
世界红十字会下关分会	下关祥泰里	许树璋	民国十二年	同前	
益善堂	白下路锅底塘	吴汉卿	民国十二年	施材、义冢、施米、施衣	
世界红十字会下关商埠分会	兴中门外大街	戴云章	民国十三年	种痘、施诊、救护、掩埋	
德正恤烬会	牛皮街	崔锡之	民国十三年	赈济、火灾、掩埋、送诊、送药	
佛教慈幼院	下关三汊河	邓兆馥	民国十五年	收养贫苦儿童、教养兼施	
合善堂	小板巷	金松林	民国十五年	施材、施医、施药、惜字	
厚德堂	善司庙骁骑营	陶学树	民国十五年	半赊材、施材	
佛教居士林	四方城	朱同生	民国十九年	研究佛学、办理慈善事业	
体善堂	三牌楼小门口	童德兴		施材、施药、施茶、恤贫	

二、南京私办救火会一览表

名称	地址	负责人	成立年度
永平救火会	太平路	陈维周	纪元前八十年
浥救火会	汉中路白果村	王光炜	纪元前五十年
湖源救火会	老府桥	张竹卿	纪元前四七年
保安救火会	建业路	万锦源	纪元前四七年
有孚救火会	小门口	魏之纯	纪元前四五年
永安救火会	糯米巷	柏荫青	纪元前四一年
聚霖救火会	雨花路	裴干臣	纪元前四〇年
一六救火会	柳叶街	柏干臣	纪元前四〇年
浙潮救火会	许家巷	潘玉芳	纪元前四〇年
永济救火会	建康路丁公祠	李金榜	纪元前三九年
北城公益救火会	估衣廊	马少园	纪元前三八年
西成救火会	仓巷福德祠	雷瑞清	纪元前三四年
西来救火会	水西门外	闻天福	纪元前三四年
西宁救火会	汉中路石城桥	何少卿	纪元前三〇年
有龙救火会	半边街	高治中	纪元前三〇年
永平北救火会	科巷	刘金钰	纪元前二〇年
协济救火会	糯米巷	张光进	纪元前六年
下关救火联合会	老江口天王庙	胡小园	纪元前二年

交通

南京为全国首都，交通素称便利，陆有京沪、津浦铁路，京杭、京芜公路。水有长江航路，空有沪汉蓉线、京平兰线。自十六年以后，邮电设备益全，政令传达更速。兹分铁路、公路、马路、航路、航空、邮电、运输各项，略志于次：

铁路

铁路分京沪铁路、津浦铁路及南京市铁路三线：

京沪铁路

该路兴工于民元前九年，通车于民元前四年。干线自南京江边起，至上海北站止。全线均系单轨，计车站四十九个。长三一六·四二公里，岔道长七六·八八公里，合计长三八七·一三公里。支线自上海起至吴淞口止，亦系单轨，车站七个，长一六·九〇公里，岔道一·三八六公里。干支线合计，长三二七·一三二公里，岔道合计长七七·四七四公里，总长四〇四·六〇六公里。沿途有隧道一座，铁桥二六四座，石桥四五座，木桥一座，涵洞四二四座，全路建筑经费二〇、二六七、〇九二两。本路运输情形，每日上下行车一十六次。货运方面，因与长江水运处竞争地位，大量笨重货物，多利用轮船装载；客运方面，以铁路迅速正确之优点，有独占之势。

在初通车时，全年客运一二二、四一七人。自光绪三十四年添设四等客车，逐年增加，宣统元年达三、四九〇、一二五人，民国元年达四、七四四、三五三人。自南京建都，加以与津浦路实行联运，本路地位，更占重要。客货运输数量，日益加大。二十年客运达一〇、五一六、二九〇人，货运达一、一九三、一六八公吨。二十一年客运达七、九〇三、五二〇人，货运达八四一、七四九公吨。客货运输收入，二十年一〇、六一一、七六一元，二十一年八、五五八、二六三元。兹将该路二十年、二十一年分月运输情形，列表于左：

京沪铁路二十年、二十一年客货运输统计表（根据铁道部所填调查表制）

月别	数量 收入	民国二十年客运人数	民国二十年货运公吨数	民国二十一年客运人数	民国二十一年货运公吨数
一月	数量	一、〇七五、五三一	一三九、七五〇·七一七	九〇六、一五八	八九、八二八·七七四
	收入	七一二、九三一·三七	二二四、四六九·三五	八六〇、七〇〇·三四	一七六、六五八·一〇
二月	数量	一、〇二九、八一四	九九、九二四·七八六	三三六、四三四	一二、一六八·〇四九
	收入	六七〇、五一六·八六	一五三、一一九·四七	二四九、〇一七·八八	一六、〇四〇·九〇
三月	数量	一、二一六、六三七	一二五、五四五·八二二	三四五、一四九	一八、七九四·五六〇
	收入	九二〇、三九二·七五	二一三、三四三·六七	二二〇、四九二·五九	二三、六七六·八〇
四月	数量	一、一五四、五八三	一三六、六九三·八五六	三〇四、三九八	一八、一〇〇·六一五
	收入	一、〇〇八、七五二·九一	二五二、九二〇·四一	一五七、八九〇·八一	二八、七〇二·八八
五月	数量	一、〇二二、九一四	一三四、五八七·五六五	四一五、九一三	二二、四一四·六八六
	收入	八九四、七〇三·八七	二五三、七一六·五六	三一五、八八六·五三	三三、三七三·〇八
六月	数量	九一四、九五八	一〇九、二四八·〇七一	七六五、四四三	三四、二三四·三九八
	收入	八一四、八五三·七五	二二〇、一一三·三六	六七一、九〇四·六四	七四、九九二·九四
七月	数量	八八七、九六七	一一九、二九四·一六九	七二八、八八九	九四、五二二·七一一
	收入	七六三、一三六·一三	二一二、七〇六·六九	六七〇、七五〇·〇四	一六七、七二五·九六
八月	数量	一、〇二七、九六六	一二三、九四五·五一二	七三九、五八三	八八、九二九·五六八
	收入	八三三、一四七·〇一	二二〇、五九三·六八	六七五、九四五·六三	一六〇、三六三·二一
九月	数量	一、〇五八、一六一	八九、五六四·二七九	七九七、五〇四	八八、三四〇·二八三
	收入	八八〇、五七七·二八	一八七、三〇四·二三	七五一、〇二九·四三	一八六、二五三·五四
十月	数量	一、一二七、七五九	一一四、六一三·一六九	八六三、三七五	一二三、四七七·四九二
	收入	九五三、七三七·三八	二二〇、七二四·五九	七八八、八四七·八七	二六四、七五五·九二
十一月	数量	缺	缺	八四八、八一二	一二三、二七六·九九三
	收入	缺	缺	七八〇、八三七·二一	二七三、三〇四·六一

续表

月别	数量 收入	民国二十年客运人数	民国二十年货运公吨数	民国二十一年客运人数	民国二十一年货运公吨数
十二月	数量	缺	缺	八五一、八六二	一一八、六六〇·九六四
	收入	缺	缺	七六三、六五三·七一	二四五、四五八·三三
合计	数量	一〇、五一六、二九〇	一、一九三、一六八·九四六	七、九〇三、五二〇	八四一、七四九·〇九三
	收入	八、四五二、七四九·三一	二、一五九、〇一二·〇一	六、九〇六、九五六·六八	一、六五一、三〇六·二七

【注】二十二年度运输情形，仅填一月份数量收入，计客八六二、五六六人，收入七七三、九七九·〇六元；货二六三、一七六公吨，收入七五四、九三七·七七元。其余各月未注数，故未入表。据铁道部发表该路全年营业收入，为四、六六四、四九一元。

津浦铁路

该路由英、德两国借款修筑，兴工于清光绪三十三年，通车于宣统三年八月。干线起浦口，经蚌埠、徐州、济南、德州至天津，全长一、〇一三·八三公里（岔道未计），设车站八十八个。支线有良陈、泺黄、兖济、临枣四线，合长九六·二六公里。全线均系单轨，惟浦镇至浦口间三·六〇公里，为双轨。建筑经费，前后共计九百八十万磅。在本路未筑以前，北方货物须由平汉路运汉转申。现在则由郑州转徐州，由徐州转浦口，由浦口或迳用汽轮转申，或由下关转京沪路运申，直捷便利多矣。故本路对于京市经济上地位，虽不十分重要，然在全国，实为南北经济运输最重要之路线。每日上下行车一十二次，民国二十年客运达三、〇六七、三七九人，货运达一、六九八、六七七公吨；二十一年客运达三、〇一一、二六四人，货运达二、二六八、六九七公吨。客货运输收入，二十年一六、五八八、五一九元，二十一年一六、八〇三、四八二元。兹将该路二十年、二十一年分月运输情形，列表于左：

津浦铁路二十年、二十一年运输统计表 （据铁道部所填调查表制）

月别	数量 收入	民国二十年客运（人）（元）	民国二十年货运（公吨）（元）	民国二十一年客运（人）（元）	民国二十一年货运（公吨）（元）
一月	数量	二一七、四六六·五	一五七、七二八·一七五	二二八、六九九	一八三、八七四·八五〇
	收入	七九六、三一〇·〇五	七〇七、三六九·二〇	六一四、九七五·一八	七一五、八〇〇·九一
二月	数量	一八三、〇八〇·五	一〇六、三八三·九〇〇	二〇八、一〇〇	一〇七、一一〇·八二五
	收入	六六三、五一二·八四	四三一、二五六·九〇	五九五、〇二五·八七	三七八、七六二·八〇
三月	数量	三七五、四一五	一三六、六八三·三二五	二六〇、九三四	一五四、一九七·四二五
	收入	一、三六五、七五六·一一	六〇四、八三九·九〇	七一九、八八四·一四	六六五、九一八·三〇
四月	数量	二六〇、四四二·五	一五四、六一五·四〇〇	二四四、九一三·五	一八五、二七四·七〇〇
	收入	八八八、六三四·七五	七二五、六〇九·六〇	六五九、九四七·三七	八〇二、七九三·六〇
五月	数量	二五三、四八九·五	一五四、三九五·二〇〇	二七三、六五三	一七七、五一三·七七五
	收入	八一〇、八六七·四一	六〇八、三五六·四五	六八七、四八二·六四	七〇二、八八五·二五
六月	数量	二一五、五八七	一五二、一二九·九五〇	二三七、二六七·五	一五三、一五二·七七
	收入	六九八、〇五三·四四	四九六、五五六·一五	七二九、四五四·三三	四九七、四四七·六〇
七月	数量	二四一、七七四·五	一〇九、四八九·一二五	二四三、九四〇·五	一六七、九二一·六〇〇
	收入	七〇〇、八七〇·四〇	三四六、一六三·一五	六七四、二三八·三二	五八六、〇〇二·四〇
八月	数量	二九五、五五二·五	一一六、八五〇·二〇〇	二三八、二六二·五	一八五、九〇七·五二五
	收入	八三三、一九二·三〇	四五一、一九五·〇五	六四一、六一五·一二	五九八、九〇五·五〇
九月	数量	二八〇、六三〇·五	一二四、八八五·五〇〇	二四六、四七二·五	二〇四、八〇四·九〇〇
	收入	七九六、八九〇·七六	五二七、八八一·九〇	六九八、三一五·九六	七四五、六五五·九九
十月	数量	二八九、一二八	一四〇、三三一·三〇〇	二七二、三〇五	二四五、一四三·〇五〇
	收入	七九五、七七六·四一	五九四、二八七·五〇	七六四、七五八·五九	一、〇〇八、〇一七·四一
十一月	数量	二四九、六〇九	一七七、六八七·四七五	二六八、一四三	二四五、九五一·五〇〇
	收入	七二四、六六三·二〇	六八六、八五〇·一五	五三七、五五一·八六	九六五、〇三五·一九
十二月	数量	二二五、二〇四	一六八、四九七·八二五	二八四、五七三·五	二五七、八四四·五〇〇
	收入	六九九、三六四·二〇	六三四、二八二·二五	八三五、〇〇六·七九	九七八、〇〇一·八一
合计	数量	三、〇六七、三七九·五	一、六九八、六七七·三七五	三、〇〇七、二六四	二、二六八、六九七·四二五
	收入	九、七七三、八九一·八七	六、八一四、六二七·二〇	八、一五八、二五六·一七	八、六四五、二二六·七六

【注】二十二年度运输情形，仅填一月份数量收入，计客二六三、一七六人，收入七五四、九三七·七七元；货二三一、九七一·七五〇公吨，收入八一一、八七一·〇七元。其余各月未注数，故未入表。据津浦车站填表，全年货运为一、四五七、二七九公吨。又据铁道部发表该路全年营业收入为六、九一六、一六一元。

市内铁路

该路兴工于光绪三十三年，至宣统元年通车。南自城内中正街起，北至下关江口止。分设中正街、国府、无量庵、丁家桥、三牌楼、下关、江口七站，全长八英里半。每日上下行车三十次，最近五年营业收入，以十九年一十六万余元为最多，二十一年七万余元为最少。近因市内马路开辟，客运、货运亦成逐年迭减之趋势。全年开支九万二千五百四十四元。兹将该路最近五年运输情形，列表于左：

南京市铁路最近五年运输收入统计表（据该路所填调查表制）

年别	客运		货运		收入元数
	进站人数	出站人数	进站吨数	出站吨数	
民国十八年	二二三、四六六	一四八、九七七	七九、三八五	一一、五七四	九四、九二三·一六
民国十九年	二一四、六九〇	一四三、一二六	七八、三七三	一三、四七二	一六九、二三九·一三
民国二十年	二五〇、七一八	一六七、一四四	一〇四、七一四	二〇、一三四	一一九、一〇九·五八
民国二十一年	二〇五、三三五	一三六、八九〇	七八、四二四	三、八四六	七七、二八〇·七七
民国二十二年	一八七、二二四	一二四、八一六	一一五、四四一	一、九五七	八七、二二六·一九

上列三条铁路，货运以津浦路为最多，客运以京沪路为最多，附以市内铁路，更为列表比较于左：

民国二十一年津浦路、京沪路及市内铁路客货运输及收入比较表

路别	客运（人）	货运（公吨）	收入（元）
京沪路	七、九〇三、五二〇	八四一、七四九	八、五五八、二六三
津浦路	三、〇〇七、二六四	二、二六八、六九七	一六、八〇三、四八二
市内铁路	三四二、二二五	八二、二七〇	七七、二八〇

公路

南京公路已筑成通车者，有京杭路、京芜路、京建路及市内由中华门、夫子庙至下关等线。现在建筑中者，有京镇路，不久亦可通车。兹将已成各路，分志于左：

京杭公路

京杭公路，为苏、浙、皖三省联络公路之一，起自南京西华门，止于杭州武林门。经江苏之句容、溧阳、宜兴，浙江之长兴、吴兴、武康、杭县，共长三二六公里。南京至长兴一段，计长一八九公里，由江南汽车公司通车营业。该公司设京内西华门逸仙桥，成立于民国二十年四月，资本先后共计三十五万元，雇用职员一百零五人，机司一百零二人，机匠六十二人，市区售票员七十二人，各站工役三十六人，警卫四人，计共五百零八人。交通范围，初办京长长途汽车，越年乃增设陵园游览车，近更扩充及于市内及宜锡线。备有汽车七十四辆，每车客位能容二十五人至三十五人。每车吨数，有吨半者，有两吨者。马力计五十五匹者三十六辆，五十匹者二十辆，四十五匹者二辆，四十匹者六辆。每小时速率，驶行

八十公里。车辆总值二十七万元。营业以客运为主，二十一年收入凡二十一万九千二百零四元。自二十二年以来，每日收入平均在一千六七百元之间。

京芜公路

该路为苏、浙、皖三省联络公路之一，又为七省联络公路京黔干线之首端，起自南京中华门，讫于安徽芜湖，长九十二公里。经过京市及苏、皖二省。全路交通业务，由南京至慈湖一段，由江苏建设厅长途汽车管理处办理。由慈湖至芜湖一段，则由皖省京芜路西段长途汽车公司承包营业。苏省建设厅公路管理处设中华门外雨花路，成立于二十二年五月。内设职员十八人，机司七人，其他机匠、杂役等十四人。置有能容二十五客汽车六辆，吨数二吨半，马力四十八匹；运输汽车一辆，救济汽车一辆，吨数一吨，马力二十八匹。车行速率每小时三十公里。每日开车九次，二十二年营业四万七千余元（京芜路南段长途汽车公司营业另见《芜湖经济志》，兹从略）。

京建公路

该路由江苏建设厅修筑，起中华门，经安德门、大定坊、牛首山、东善桥、秣陵关、令桥、柘塘、乌山，讫于溧水，长五五·三五公里。由中华门至秣陵关一段，长二六·六五公里，现在试行通车中。由秣陵至溧水一段，土方亦已筑成。设有京建线办事处于中华门内，有职员、匠役二十二人，置有汽车二辆，每日上下行车八次。二十二年营业收入二万五千余元。此路最终点，拟通安徽之郎溪，郎溪旧名建平，故以京建命名。因限于经费，暂仅修筑至溧水一段。

市区公路

由市府修筑,其详另见马路章。公共汽车交通业务,由江南、兴华两公司承办。其通行路线,江南公司四线,兴华公司二线。分列于左:

江南公司四线

一路　起姚家巷,经贡院前、奇望街、中正街、太平巷、杨公井、文昌巷、大行宫、二郎庙、土街口、新街口、华侨路、干河沿、薛家巷、黄泥岗、鼓楼、华侨招待所、丁家桥、将军庙、三牌楼、铁道部、萨家湾、海军部、挹江门、热河路、兴中门街,讫于下关车站,此为江南公司第一路。配车十四辆,全票铜元七十枚。

二路　起姚家巷,经贡院前、奇望街、中正街、太平巷、杨公井、文昌巷、大行宫、二郎庙、土街口、新街口、华侨路、干河沿、薛家巷、黄泥岗、鼓楼(以上各站同一路)、李家巷、傅厚岗、玄武门、马家街、蓝家桥、许家桥,讫于和平门,此为江南公司新添之第二路。现正准备通车,拟配车八辆,全票定价铜元五十六枚。

三路　起中华门,经中华路口、下江考棚、道署街、建康路、锦绣坊、内桥、中正街、太平巷、杨公井、文昌巷、大行宫、碑亭巷,讫于国府路,此为江南公司第三路。配车五辆,全票铜元二十八枚。

四路　起中华门,经中华路口、道署街、建康路、锦绣坊、内桥、张府园、三元巷、破布营、新街口、华侨路、干河沿、薛家巷、黄泥岗、鼓楼、华侨招待所、丁家桥、将军庙、三牌楼、铁道部、萨家湾、海军部、挹江门、中山桥、惠民桥、大马路、北安里，讫于澄平码头，此为江南公司第四路。配车八辆，全票铜元七十枚。

四线之外，尚有陵园游览车一路。起中正街，经新街口、大行宫、西华门、孝陵卫、四方城、中山墓，讫于灵谷寺，亦由江南公司行驶。配车二辆，票价一角二分。

兴华公司二线

二路　起中华门、经青年会、三元巷、新街口、北门桥、鼓楼、丁家桥、三牌楼、萨家湾、中山桥，讫于京沪站，此为兴华公司第二路。票价七十枚。

三路　起夫子庙，经门帘桥、大行宫、新街口，循二路各站，讫于京沪站，此为兴华公司第三路。共配车二十四辆，内计完整者十七辆，票价七十枚。

两线之外，因江南公司增开第二线，深恐营业被夺，曾呈工务局准予恢复江边马路一线，添购新车十辆。

兴华汽车公司设湖北路，成立于民国十九年八月，资本十万元。内部职员三十余人，机司六十人，机匠二十人，售票员、警卫、工役共九十人，全年开支二十六万元。置有汽车三十四辆，吨数有吨半者，有三吨者。马力有三十五匹至六十匹者。每辆能容客位，自二十六至四十八。每小时速率自二十公里至五十公里。全年营业一十八万余元。该公司收支不敷，办理困难，曾于二十二年三月呈准工务局改为官商合办，用资整理。兹将各公路交通营业概况列表于次：

南京公路交通营业概况表

路别	起讫	路长	交通机关	车辆数	每日行车次数	职工数	营业数（元）	备注
京杭公路京长段	南京—长兴	一八九	江南汽车公司	三七	一八	五〇八	六一八、〇〇	
市区路	姚家巷—京沪站—中华门—国府路—江边		江南汽车公司	三七	五分钟一次			
市区路	夫子庙、中华门—京沪站		兴华汽车公司	三四	五分钟一次	二〇〇	一八六、五五四	
京芜路	南京—芜湖	九二	江苏建设厅公路管理处	八	九	三九	四七、一五二	
京建路	南京—溧水	五五	京建线办事处	二	八	二二	二五、二〇〇	
合计				一一八		七六九	八七七、四〇六	

马路

京市整个马路，详见首都干路系统图。其主干已成马路有中山、中正、太平、朱雀、白下、汉中、中华、雨花、山西、国府、玄武、热河、大光等三十线，共长六十四公里又八百公尺。其主干未成马路，正在修筑中者，有中央、江边等六线，共长七公里又八百九十三公尺。旧有街道现经展宽翻修者，有丰富、绥远、名士埂等十五线，共长十公里又五百五十六公尺。兹将已成、未成、翻修各种马路，分志列表于左：

已成马路

计共三十线，用去建筑费约二百余万元，内以中山路为最长。各路名称起讫如左表：

南京市已成马路概况表

路名	起讫	路面	长度（公尺）	宽度（公尺）	人行道宽度（公尺）	建筑费（元）
中山路	自下关江边至中山门	柏油	一二、〇〇一·九四	四〇·〇〇	各宽五·〇〇	一、〇七〇、一一四·七二
环湖马路	玄武湖四周	石子	四、〇三二·〇〇	四·五七		二〇、二七四·〇三
中央党部路	自中央党部至中山路	柏油	三三四·〇〇	一〇·〇〇		九、二四七·八九
中正路	自新街口至白下路	柏油	一、三三四·〇〇	四〇·〇〇		七六、〇六九·八九
黄埔路	自中央军校至中山路东	柏油	一、〇五〇·〇〇	一·六五		一九、八七七·七三
热河路	中山路至京沪车站	柏油	八九一·八〇	一二·〇〇	各宽一·五〇	三七、九四五·二五
国府路	国府东至中山路	柏油	三六六·〇〇	二一·三四		一八、一五六·八五
朱雀路	自白下路至建康路口	柏油	六二二·三〇	二四·三八	各宽三·九六	一二、八〇〇·一三
山西路	中山路至新住宅区中心广场	碎石	五〇〇·〇〇	一八·〇〇	各宽二·〇〇	五九、七三四·九八
太平路	自白下路至中山东路	柏油	一、四五四·六六	二四·三八	各宽三·九六	一二三、六六七·一七
白下路	自中正路至朱雀路口	柏油	六四四·〇〇	二八·〇〇	各宽五·〇〇	六三、三五四·八一
汉中路	自新街口至汉西门北城墙	碎石	一、六六一·〇〇	四〇·〇〇	各宽五·〇〇	一三一、九六八·六七
玄武路	玄武门内	柏油	二二四·一六	二二·〇〇	各宽五·〇〇	一五、八八八·七〇
中华路	白下路至镇淮桥北	柏油	一、八一六·二〇	二三·〇〇	各宽四·〇〇	一六五、一四一·七五

续表

路名	起讫	路面	长度（公尺）	宽度（公尺）	人行道宽度（公尺）	建筑费（元）
雨花路	自中华门外长干桥南至雨花台安徽大道东	柏油	八六四·一五	二三·〇〇	各宽四·〇〇	五二、九四六·五六
京芜路	雨花台至安德门	弹石	二、七九五·〇〇	七·五〇		一五、七七六·九三
中华门环城马路	自镇淮桥分东西路穿城至长干桥北堍	柏油	五四五·三〇	一五·〇〇	共宽六·〇〇	三三、七二七·九三
和平门至上元门		弹石	三、六三〇·〇〇	四·〇〇		八、五四五·九〇
仙鹤门至栖霞街		弹石	八、四九一·〇〇	四·〇〇		一五、五七一·三〇
京麒路	自遗族学校中山路口至下麒麟门	碎石	九、一八五·〇〇	五·五〇		四三、一四三·七二
玄武路	玄武门外	土路	一、〇六八·〇〇	一六·〇〇		一一、五三六·七二
尧姚路	自尧化门至姚头上镇	石片	七、二〇八·〇〇	四·〇〇		一九、六九四·八〇
石城路	自汉中路至陶李王巷	石片	二〇五·〇〇	七·七〇		
汉中路城外部分	汉中路至护城河	碎石	一〇八·六〇	一一·三〇		
蓝家庄道路		碎石	一五七·〇〇	四·〇〇		
大光路	大中桥至光华门内十字路口	弹石	一、五六三·〇〇	一二·〇〇 八·〇〇		一二、〇九二·九七
考试院前马路	考试院考场至成贤街	碎石	一六四·五〇	一〇·〇〇		

续表

路名	起讫	路面	长度（公尺）	宽度（公尺）	人行道宽度（公尺）	建筑费（元）
大方巷马路	五条巷至大方巷	石片	二三〇·〇〇	三·五〇		
水厂进城道路西段	自水厂经江东门达凤凰街	碎石	五二〇·〇〇	一二·〇〇		
青石街		石片	一、一三五·〇〇			

观上表已成马路，就其路面分别，可为统计如左：

路别	路数	长度		
		公里	公尺	公寸
柏油路	一三	二二	一四七	五
石子路	一	四	三二	〇
碎石路	七	一二	二九六	一
弹石路	四	一六	四七九	〇
石片路	四	八	七七八	〇
土路	一	一	六八	〇
合计	三〇	六四	八〇〇	六

未成马路

未成马路计共六线，以中央路为最长，江边路为最宽。

各路名称起讫如左表：

南京市未成马路概况表

路名	起讫	路面	长度（公尺）	宽度（公尺）	人行道宽度（公尺）	建筑费（元）
中央路	自保泰街至和平门车站	碎石	三、八二六·〇〇	一六·〇〇		六〇、〇〇〇
江边马路	石盘营街至中山码头	柏油	一、二〇七·八〇	三〇·〇〇	各宽五·〇〇	九六、〇〇〇
澄平码头前马路		柏油	八五·〇〇			
东箭道马路	国府至行政院	碎石	三四八·二〇	一二·〇〇	各宽二·〇〇	
小红山马路		柏油	六七二·〇〇	八·〇〇 三·五〇		
阴阳营金银街一带道路		石片	一、七五四·〇〇	三·〇〇 二·五〇		

观上表未成马路，就其路面分别，可为统计如左：

路别	路数	长度		
		公里	公尺	公寸
柏油路	三	一	九六四	八
碎石路	二	四	一七四	二
石片路	一	一	七五四	〇
合计	六	七	八九三	〇

翻修马路

计有名士埂等十五线，内计放宽者三线，翻修者十二线。各路名称起讫如左表：

南京市翻修马路概况表

路名	起讫	路面	长度（公尺）	宽度（公尺）	附注
名士埂马路	虹门口至江边车站	煤屑	四九四·〇〇	五·〇〇	放宽
小门口至草场门马路	小门口至草场门	石片	一、四〇〇·〇〇	三·〇〇	放宽
丰富路	新街口至红纸廊	碎石	一、一三二·六〇	四·〇〇	翻修
红纸廊至下街口马路	红纸廊口至下街口	碎石	四一七·〇〇	五·六〇	翻修
石城桥至江东门无线电台路	石城桥堍至电台门口	碎石	二、七九一·〇〇	四·〇〇	翻修
绥远路	兴中门至热河路	碎石	四四五·八〇	九·三〇	翻修
下关江边路	海军码头至营盘街	碎石	三九四·六〇	二·〇〇	翻修
陶谷村马路	平仓巷至金陵大学	石片	三七七·〇〇	二·五〇	翻修
白下路东段马路	朱雀路至太平里	碎石	八一九·〇〇	五·〇〇	翻修
太平路南段路	杨公井至白下路	柏油	七八〇·〇〇	一一·一〇	加铺柏油
热河路及中山北路	挹江门至中山桥，中山路至正丰里	柏油	五一五·〇〇	一〇·〇〇	翻修并加铺柏油

续表

路名	起讫	路面	长度（公尺）	宽度（公尺）	附注
高楼交叉处路		碎石	一五〇·〇〇	四·〇〇	放宽
浮桥路	浮桥至大仓园口	柏油	一二八·〇〇	五·〇〇	加高路面
太平路交叉路	浮桥至大仓园口	弹石	三四七·〇〇		翻修
大中桥至九龙桥路	大中桥至九里桥	弹石	三六五·〇〇	五·八六	翻修

观上表翻修马路，就其路面分别，可为统计如左：

路别	路数	长度		
		公里	公尺	公寸
柏油路	三	一	四二三	〇
煤屑路	一		四九四	〇
碎石路	七	六	一五〇	〇
弹石路	二		七一二	〇
石片路	二	一	七七七	〇
合计	一五	一〇	五五六	〇

车辆统计

京市道路交通，日渐开辟，其随道路进展之交通事业，如汽车、马车、自由车、人力车行等，亦自随之增加。全市现有各种车行，计共三百余家。各家资本，大者二三万元，小者一二百元，全业资本约四十九万余元。全年营业总额，竟达一百三十余万元。兹将工务局二十二年与十六年各种车辆统计，列表于左，以资比较。

南京市十六年、二十二年车辆统计比较表（据工务局统计）

车别	十六年辆数	二十二年辆数	增减	辆数
汽车	四五〇	一、三七八	增	九二八
马车	四五〇	三三五	减	一一五
自行车	一、〇〇〇	三、一二六	增	二、一二六
人力车	七、五〇〇	一〇、一八八	增	二、六八八
货车	一、四〇〇	五四	减	一、三四六
手车	二〇〇	一、六七三	增	一、四七三
水车	五〇〇	四〇三	减	九七
板车		三六〇	增	三六〇

雇车价格

上列各种车辆，雇用价目，早经市府工务局规定划一。汽车价目表，并责令车夫悬挂于车中易见之处，以资识别。

其雇用各种车辆价目表如左：

南京市雇用各种车辆价目表

车别	等别	以时计算		以人计算				以路计算			备注
		时数	价目（元）	起	讫	人数	价目（元）	起	讫	里数价目（元）	
汽车	座车	十五分钟	一·〇	夫子庙	鼓楼	一	〇·二	夫子庙	下关	一·五	汽车中以野鸡汽车价为廉
		半小时	一·五	中华门	鼓楼			中华门	中山陵	一·五	
		一小时	二·五	中华门	中央党部	一	〇·三	夫子庙	中央党部	一·二	
		半日	八·〇	中华门	下关	一	〇·四	夫子庙	五洲公园	一·五	半日计六小时，下同
		全日	一五·〇	大行宫	下关	一	〇·三	夫子庙	清凉山	一·〇	全日计十二小时，下同
马车	轿车	半小时	〇·四								
		一小时	〇·八								
		半日	三·〇								
		全日	六·〇								
	篷车	半小时	〇·三五								
		一小时	〇·七								
		半日	二·五								
		全日	五·〇								
人力车		每小时	〇·三						一华里	·〇七	合铜元二十枚
		半日	一·〇								
		全日	二·〇								
自行车		一小时	〇·二								夜间加水电灯每小时加洋五分
		半日	〇·八								
		全日	一·五								
牲畜	驴	全日	一·〇								酒资一二角，其余各车无酒资
	马	全日	二·〇								

航路

南京航路，分长江航线、内河航线。长江河流之长，在东半球次居第三（第一尼罗河，第二叶尼塞河）；运输之便，在世界次居第二（第一密士失必河）。京市位其下游，故航运尤便。上至汉口，仅需四十三小时半。下达上海，仅十九小时。内地秦淮分源句容、溧水，轮通溧城、湖熟，内河航运亦便。兹将航路九线，列表于左：

南京市航路概况表

路别	起讫	里程	公司家数	轮数	班期
京沪线 京汉线	南京至上海 南京至汉口	九九〇 一、九三〇	六		轮流每日一班
宁芜线	南京至芜湖	一八〇	四	四	轮流每日一班
宁扬线	南京至扬州		四	四	轮流每日一班
宁和线	南京至和县		一	一	每日一班
宁六线	南京至六合	一二〇	二	二	轮流每日一班
宁口线	南京至口岸	三〇〇	二	二	轮流每日一班
宁九线	南京至九里根		三	三	轮流每日一班
宁溧线	南京至溧水	二二〇	一	一	每日一班
宁湖线	南京至湖熟	六九	二	二	每日二班

长江航路

南京下关为沿江重要商埠之一，招商、三北、宁绍、怡和、太古、日清六公司上下水轮船，无不停泊于此。

招商局　为国营南京招商分局，置有江安、江顺、江新、江华各一等船，江裕、江天、江大、江靖、联益、建国各次等船，共计十艘。大者载重四、三一七吨，小亦载重一、六八二吨。往来沪汉，货运以米、纱、布疋为大宗。分局每年营业九万五千余元。

三北公司　系中国商办，置有长兴、青浦各大号船，长安、醒狮、松浦、新宁兴各次号船，共计六艘。大者载重二、一二一吨，小者载重一、〇八〇吨。货运上水以疋头，下水以米粮为大宗。

宁绍公司　系中国商办，有宁绍轮船一艘，载重一、一〇二吨，货运与招商船同。

怡和公司　系英国商办，置有公和、德和、联和、隆和、吉和、瑞和各大号船，宝和、湘和、同和、昌和各次号船，共计十艘。大者载重二、八二五吨，小者载重一、六〇一吨。货运上水以糖、烟、粉、布为大宗，下水以米粮、山货、鸡蛋为大宗。

太古公司　系英国商办，有吴淞、芜湖、武穴、安庆、鄱阳、武昌、温州、黄浦各大号船，长沙、沙市、吉安、湘潭各次号船，共计十三艘。大者载重二、一一九吨，小者载重七九〇吨。货运上水同怡和，下水以米及杂粮为大宗。

日清公司　系日本商办，有凤阳、瑞阳、襄阳、南阳、宜阳各大号船，大福、大利、大贞、大昌各次号船，共计九艘。大者载重二、八〇三吨，小者载重一、〇七二吨。货运上水以纱布、鱼鲞为大宗，下水以米、菜子、铁砂为大宗。

各公司在下关江边，只有趸船，并无码头。三北、宁绍共一趸船，其余各公司各一趸船。轮行率速每小时四十里。货运照海关规定价目，另详运输章。客运因船等船舱之不同，各公司亦不一致。兹为列表于左，以资比较。

南京长江轮船公司客运价目表（单位元）

	地点	招商局				三北公司			怡和公司			太古公司		
		官舱	房舱	统舱	特等	官舱	房舱	统舱	官舱	房舱	统舱	官舱	房舱	统舱
上	芜湖	四·六	二·三	一·二	三·六	二·八	二·四	一·二	四·〇	三·〇	一·二	四·〇	二·五	一·一
水	大通	六·八	四·〇	二·一	五·四	四·三	三·六	二·一	七·〇	五·〇	二·〇	六·〇	三·八	二·〇
	安庆	九·〇	四·八	二·五	七·〇	五·六	四·六	二·五	八·五	六·〇	二·四	七·〇	四·三	二·三
	九江	一二·〇	六·六	三·六	八·六	六·八	六·四	三·五	一二·〇	八·〇	三·四	一〇·〇	六·四	三·二
	武穴	一三·〇	七·〇	三·八	九·六	七·六	六·八	三·七	一二·五	八·五	三·七	一一·〇	六·五	三·五
	黄石港	一四·〇	八·〇	四·一	一〇·八	八·六	七·六	四·〇	一四·〇	九·五	四·二	一二·〇	七·五	三·八
	黄州	一五·〇	八·四	四·四	一一·四	九·〇	八·〇	四·二	一五·〇	一〇·〇	四·四	一三·〇	八·〇	四·〇
	汉口	一六·八	九·二	四·五	一三·〇	一〇·〇	八·八	四·六	一六·〇	一一·〇	五·〇	一四·〇	九·〇	四·二
下	镇江	三·〇	一·六	〇·六	二·四	二·〇	一·四	〇·六	三·五	二·五	一·〇			
水	口岸	四·八	二·四	一·二	三·六	二·八	二·二	一·一	四·〇	三·〇	一·四			
	泰兴	五·二	二·六	一·三	三·六	二·八	二·二	一·一	四·五	三·五	一·六			
	江阴	五·六	二·八	一·四	四·〇	三·二	二·一	一·三	五·五	四·〇	一·八			
	通州	五·六	二·八	一·四	五·六	四·二	三·〇	一·六	六·五	四·五	二·〇			
	上海	六·〇	三·〇	一·七	六·四	四·五	三·二	一·七	八·五	六·〇	二·四	六·〇	四·〇	一·八

【注】宁绍公司客运，与三北同价；日清客运，略同太古、怡和。

自九一八后，国人多不愿乘日船，该公司亦常减价求售。太古公司下水船，由南京直达上海，经过沿途各埠不停，故无价目。

内河航路

集中下关，有泰丰、泰昌、天泰、扬子、大安、源大、福记、公记、茂同、通湖轮船公司十家。共有道源、庆丰、庆泰、新兴泰、正昌、镇宁、同泰、同庆、新宁安、升大、源元、新大同、恒德、瑞春、安吉、茂同、通湖等轮十八只，航行扬州、口岸、六合、九里埂、芜湖、和县、溧水、湖熟等处。大者长九丈余，小者四五丈，各家以泰丰、源大、扬子为大，福记、公记最小。各家资本，最大十万元，小者三千元。同行合计二十五万余元。泰丰、大安总局设于芜湖，扬子总局设镇江，天泰总局设六合，在京均系分局。各家营业，多者八千元，少者三千元，总计约三万九千余元。近以同业竞争，均受亏折。各路以客运为主，货运极微，客运价目如左表：

南京市内河轮船客运价目表

地点	经过市镇	公司名称	每船客位 最多	每船客位 最少	票价（元）
扬州	巴斗山　划子口　沙马州　十二圩　瓜州	天泰　泰丰　扬子　泰昌	一四〇	九〇	一·〇〇
口岸	巴斗山　大河口　泗围州　十二圩　瓜州	源大　扬子　泰昌	一八〇	一六〇	一·〇〇
九里埂	同口岸线	源大　天泰　泰丰	一八〇	一六〇	一·〇〇
六合	大河口　东沟　西沟　瓜埠	泰丰　天泰	八〇	八〇	〇·七〇
和县	大胜关　江宁镇　采石矶	源大	九〇	丨	〇·二五
芜湖	和县　西梁山　当涂	泰昌　泰丰　大安　扬子	一八〇	九〇	〇·七五
湖熟	通济门　桥头　西北村　龙都	茂同　通湖	一四〇	九〇	〇·六三
溧水	通济门　西北村　禄口　塔山渡　黄家渡	茂同	一二〇	八〇	一·一五

【注】此外有义渡局汽轮，亦开九里埂，取费七分，价极低廉，全系公益性质。

京浦轮渡 下关、浦口相互过渡，津浦路局设有公共轮渡。每三十分钟往返一次，每人纳费：一等二角，二等一角，三等一分，凡乘京沪、津浦联运车购有联运票者，毋庸另纳渡资。铁道部设有澄平轮渡，每十五分钟一次。铁部近更拟建铁路轮渡，使联运车得由铁路轮船过江，两岸铁桥工程现已完成五分之三，将来全部告成，京沪、津浦运输，更形便利矣。[①] 津浦轮渡每日次数、时间如左表：

南京市津浦路局轮渡时间、次数表

下关开		浦口开	
次数	时间	次数	时间
五	八·〇〇	四	七·三〇
九	九·〇〇	六	八·三〇
一九	一·〇〇	一八	一二·一〇
二三	二·〇〇	二二	一·三〇
三五	五·三〇	三四	五·一〇
四一	八·三〇	四〇	七·一〇
四五	一〇·〇〇	四六	九·三〇

货船统计 京市河面，除大小轮船、轮渡定期开行外，现尚有不定期货船九千零五十六只，航行于秦淮河、惠民河、护城河中。较之十六年工务局统计，内河货船二千只，下关河货船一千只之数，超过业已二倍。其等级、载重量如左表：

① 据原书末所附勘误表，“铁部近更拟建铁路轮渡”至“更形便利矣”52字为赘文。

南京市内河货船统计表

船级	载重量		只数	备注
	最少担数	最多担数		
一等船	一六〇	二〇〇	七一七	
二等船	一二〇	一五九	六五六	
三等船	八〇	一一九	一、六二四	
四等船	四四	七九	三、五二〇	
五等船	四〇		二、五三八	四十担以下
合计			九、〇五六	

航空

自国府提倡空运以来，规画全国航线，组织中国航空公司，合办欧亚航空公司，分途派机试探。现在民用航空业已定期通航者，有沪汉蓉、京平兰、沪平、沪粤四线。南如京滇线亦正在规画沟通之中，并在与铁路局商办联运，不久当可实现。兹将中国、欧亚两公司经过南京空运概况，分志于左：

中国航空公司

总公司设上海广东路三号，于南京、安庆、九江、汉口、沙市、宜昌、万县、重庆、成都、海州、青岛、天津、北平分设事务所及飞机场，实行邮运、客运。南京事务所设西华门四条巷，飞机场设明故宫及江边中山路底。由沪飞京，单程客票原定六十元，近减为四十八元，来回票八十四元。由沪飞京，每日上午九时开出，十时半到，由京飞沪，每日下午十二时五十分开出，三时零五分到。乘客行李每人以二十五磅为限。其余各埠时间、票价如左表：

中国航空公司沪汉渝线飞航时间价目表

段别	埠别	东下机	西上机	单程票价（元）	来回票价（元）	备注（元）
沪汉段	上海	下午三时〇五分到	上午九时开	丨	丨	沪汉段除星期一停飞外，每日上下各飞行一次
	南京	下午十二时五十分开	上午十时三十分开	四八	八四	
	安庆	上午十时五十分开	下午十二时二十分开	六四	一一二	
	九江	上午九时四十五分开	下午一时三十五分开	四〇	七〇	
	汉口	上午八时开	下午三时〇五分到	四八	八四	
汉渝段	汉口	下午二时五十分到	上午七时五十分开	丨	丨	汉渝段西上机每星期三、六由汉口开，东下机每星期四由重庆开
	沙市	下午一时二十分开	上午九时二十五分开	五八	九八	
	宜昌	下午十二时三十分开	上午十时二十五分开	二九	五〇	
	万县	上午十时〇五分开	下午十二时五十分开	一一八	二〇〇	
	重庆	上午八时开	下午二时四十分到	九五	一六二	

中国航空公司完成之沪蓉、沪粤、沪平三大干线，沪蓉全线分三段：自上海经南京至汉口曰沪汉段，长九百十四公里；自汉口至重庆曰汉渝段，长八百九十一公里；自重庆至成都曰渝蓉段，长三百零四公里；全长二千一百零九公里。飞航班次，沪汉、沪渝两段已具上表。渝蓉段每逢星期一、三、五、六各往返一次，上午十二时自成都起航，下午二时抵重庆，二时半自重庆开，四时半抵成都，全程凡二小时。

欧亚航空公司

该公司系中德合办，现有飞机六架，上海、南京均设有事务所及飞机场。南京事务所设四条巷良友里十二号，飞机场设明故宫。航线有二：一由上海至南京，经洛阳、西安、兰州、肃州、哈密、迪化而达塔城，线长四、〇五〇公里，全程共需四日。一由北平经洛阳而达塔城，实际仅能由南京通迪化，不能达塔城，计京迪一段，线长三、二五五公里，票价一千二百三十元。沿途各埠航行时间、价目，如左表：

欧亚航空公司京平兰线飞航时间、价目表

埠别	东下机		西上机		票价（元）	备注
	开时	到时	开时	到时		
上海		星期五十四时	星期二七时			洛阳至北平长七百公里，每星期五上午七时由洛阳开，十一时半到北平，票价百元，可与星期四由兰州开来之机衔接。北平至洛阳每星期二上午八时由北平开，十二时半到洛阳，可与星期二由洛阳开兰州之机衔接。迪化因新乱未平，不能接班通航
南京	星期五十二时	星期五十一时半	星期二九时	星期二九时	五〇	
洛阳	星期五七时	星期四十三时	星期二十四时半	星期二十四时	一〇〇	
西安	星期四十一时四十五分	星期四十时四十五分	星期三七时	星期二十六时半	七五	
兰州	星期四七时			星期三十时四十五分	二三〇	
迪化					六七五	

邮政

南京邮政，隶属于苏皖邮政管理局。局址设下关大马路，民国七年成立。于本京设内桥、竺桥、丁家桥、汉西门、南门、奇望街、讲堂街、新街口、陵园、鼓楼、三牌楼、京沪车站、津浦车站等支局十四所。各支局职员，计邮务长一人，邮务员二百三十三人，拣信生二百零八人，普通信差二百三十六人，邮差三十人，村镇信差二人，杂役二百零六人。近三年本京邮务情形，如左表：

南京市最近三年邮政业务概况表

邮件类别	民国二十年	民国二十一年	民国二十二年
挂号邮件数	一、一二三、九六〇	九三一、二〇〇	一、〇八六、三一〇
快递邮件数	七二三、一四〇	六九〇、七三〇	六九五、七四〇
保险信函数	一、五二〇	八五〇	六〇〇
普通邮件数	四、〇一四、三〇〇	三、八七三、五八〇	四、一六六、七九〇
就地投送邮件数	四六八、八〇〇	三九九、二二〇	五二五、〇五〇
航空邮件数	二二八、九七〇	三三三、〇〇〇	一七三、六一〇
民局交寄包封信件数	五五〇	三四〇	三四〇
邮转电报件数	九〇	四〇	五〇
包裹件数	七八、四七〇	七四、六〇〇	八五、七七〇
汇银元数	六、七四四、一九〇	五、六二〇、六二〇	五、七四六、六一〇
兑银元数	三、一一五、〇〇〇	一、九八〇、二四〇	二、〇六八、四八〇

观上表，最近三年南京邮政业务，尚能平衡。市内民信亦未全废，截至二十三年调查时，尚有裕兴康、全泰洽、松兴公、老福兴、福兴润、全泰盛、太古晋、全昌仁、协兴昌、铨昌祥、正和协、胡万昌、政大源、乾昌、裕兴福、通顺、森昌等十七局。惟因传递迟钝，业务均甚清淡。

电报

南京有线电报，成立较早。无线电报，自国府建都后，始行设立。

有线电报

由交通部直辖南京电报局办理，局设城南润德里，分设下关、鼓楼两收发处。计有局长员司二百八十七人，内计报务员一百五十三人，业务员二十人，会计九人，信差四十六人，递报七人，机工七人，线工六人，工役三十八人，全年开支经费三十余万元。报机设备，计莫尔斯式十二座，韦斯登式八座，克里特式及沙特式机各一座。通报线路三十条，挂号户数二百五十九户，每日值报时间二十四小时，全年营业收入约在百万元以上。最近三年业务情形如左表：

南京市有线电报最近三年营业概况表

项别	民国二十年	民国二十一年	民国二十二年	备注
去报官电次数	二六、五六二	七九、四二三		二十二年各报次数因该局未填数从略
去报商电次数	四、九八九	三二、九八五		
来报官电次数	八八、〇一四	七三、七九四		
来报商电次数	六九、九三七	五四、四六二		
转报次数	七五九、三〇八	四九二、〇一六		
公报次数	二七七、六〇四	二二七、七七三		
全年报费收入之数	一、六六七、九六四	一、四八二、五一八	一、〇〇七、六四三	

无线电报

由交通部直辖南京无线电台办理，台设城内估衣廊，分设下关、杨公井两收发处。共有机号四，均系短波，资产总值一万五千一百三十八元，内计机械值一万一千零六元，器具值四千零七十八元。业务除兼发教育新闻报外，多专供军事之用。故每年收入，总在四五万元左右。

一报机 X.H.A.　于民国十七年三月开始通报，所用电力一百瓦特，日间电波长度为三一·四一米突，夜间电波长度为六六·八八米突。现在通报地点为上海、福州、长沙、广州等处。

二报机 X.H.B.　于民国十八年三月开始通报，所用电力为二百五十瓦特，波度之长，日为三七·四〇米，夜为九〇米，现与汉口、北平、青岛通报。

三报机 X.H.C.　于民国十八年四月通报，所用电力一百瓦特，电波长度，日为四七·六二米，夜为八二米。现与上海通报。

四报机 X.H.D.　于民国十七年七月开始通报，所用电力一百瓦特。电波长度，日为三七米，夜为七〇米。现与芜湖、安庆、南昌、宜昌通报。各台设备概况如左表：

南京市无线电台设备概况表（波长单位米）

呼号别	电力	波长		通报地点	通报时间
		日间	夜间		
X.H.A.	一〇〇	三一·四一	六六、八八	上海　福州　长沙　广州	十七年三月

续表

呼号别	电力	波长		通报地点	通报时间
		日间	夜间		
X.H.B.	二五〇	三七·四〇	九〇	汉口　北平　青岛	十八年三月
X.H.C.	一〇〇	四七·六二	八二	上海	十八年四月
X.H.D.	一〇〇	三七	七〇	安庆　芜湖　南昌　宜昌	十七年七月

电话

南京电话，分市内电话、长途电话两种：

市内电话

由交通部直辖南京电话局办理，局设党公巷，另于下关、鼓楼分设自动机室两处。计有员司三十九人，技术员十二人，话务员七十一人，技工工役一百四十四人，都凡二百六十六人，年支经费一十一万余元。机械设备，置有史端乔自动式总机五千号，自动话机五千部，磁石式话机三百部。线路长度凡二百二十公里又六十公尺，线条长度凡三万零九十八公里又三十公尺，架空及地下电缆，均为二十二号，话线为十七号铜线。全市用户四千七百余户。总局机额将装满，而声请装用者，仍络绎不绝。交部除饬该局一面增加选出器以应需用，一面决定在城南商业繁盛之区，添设南分局一所，购定江宁县政府旧址为局址，俟成立后，即将总局所有城南千余号划入新局，将空号留供新装用户。浦口方面迄今尚系磁石式机，亦决定于最近期内一律改装自动电话，并为减少管理费用，增进电话效率起见，取销分局，另用一百对水底电缆，将浦口电话直接接至下关分局。现已购机，不久即可实现。电话业务，分押费、装费、月租、移机四种收入：押费正机甲种、乙种收费四十元，丙种五十元，分机与正机同价。装费正机十五元，分机十元。月租墙机甲种八元，乙种九元，丙种十元。桌机甲种九元，乙种十元，丙种十一元。分机照正机，减半收费。移机手续费院内正机、分机各四元，院外各六元。二十二年营业约六十万元。兹将市内电话所有资产，列表如左：

南京市内电话资产统计表

资产别	价值（元）	备注
线路设备	四二一、〇〇六	分架空电缆、地下电缆二种
机械设备	四、四二五、〇一七	分交换机、话机、电机、蓄电池四种
房屋设备	一九七、七八四	
器具设备	一一、九八二	分器具、车辆二种
合计	五、〇五五、七八九	

长途电话

有沪宁芜、京杭、江北三线。于市内电话局与下关、鼓楼自动机室及江宁交换所，分设营业处四处。二十一年营业，总计凡二十三万六千九百三十七元。二十二年度收入，混于市内电话营业数内，尚未分析。

一、沪宁芜长途电话 敷设于民国十五年，线路长度七一三·五八公里，线条长度二、九五四·〇八公里，线路价值二五七、三九三元，机械价值三、七四九元。可与芜湖、当涂、上海、吴淞、南翔、昆山、常熟、木渎、苏州、无锡、常州、镇江等处直接通话。当一·二八之役，闸北一带电线被毁，曾由黄渡起，另挂铜线二对、铁线一对，绕道青浦，之陈方桥，经由松江直达上海南市电话局。二十二年通话一九八、二七八次。

二、京杭长途电话 敷设于民国十八年，线路长度三三〇公里，线条长度五六四·八七公里，机械价值七、三二〇元。可与溧阳、宜兴、长兴、吴兴直接通话，全年通话次数七九、九一一次。

三、江北长途电话 原通江北徐海各处，线路长度一、五八六·〇二公里，线条长度二、二六五·二六公里，线路价值二五三、二〇〇元，机械价值七、一三〇元。现须由镇江转接，仅通六合、扬州。全年通话四八、六一一次。兹将各线营业概况及各埠通话价格，分列表二于左：

南京长途电话营业概况表

线别	线路长度（公里）	线条长度（公里）	线条价值（元）	机械价值（元）	民国二十年通话次数	民国二十一年通话次数	民国二十二年通话次数
沪宁芜	七一三·五八	二九五四·〇八	二五七、三九三	三、七四九	一〇七、一六〇	一三〇、四〇九	一八八、二八七
江北	一五八六·〇二	二二六五·二六	二五三、二〇〇	七、一三〇	五六、八六〇	一〇九、九三六	四八、六一一
京杭	三三〇·七七	五六四·八七	未详	七、三二〇	未详	未详	七九、九一一
合计	二六三〇·三七	五七八四·二一		一八、一九九			三一六、八〇九

南京长途电话价目表

通话地点	价目（元）	通话地点	价目（元）
南京至吴淞	一·六〇	南京至沪南市	一·五〇
南京至沪租界	一·五五	南京至江湾	一·五〇
南京至南翔	一·五五	南京至闸北	一·五〇
南京至龙华	一·五〇	南京至昆山	一·三〇
南京至常熟	一·四〇	南京至芜湖	〇·五〇
南京至木渎	一·二五	南京至杭州	二·〇〇
南京至苏州	一·一五	南京至六合	〇·三五

续表

通话地点	价目（元）	通话地点	价目（元）
南京至无锡	〇·九五	南京至十二圩	〇·六〇
南京至常州	〇·七〇	南京至仙女庙	〇·七五
南京至镇江	〇·三五	南京至扬州	〇·七五

运输

南京运输货物，陆路多由京沪、津浦两路车运，水路多由招商、三北等公司轮运。经营铁路车运者，下关、浦口两埠有转运公司六十七家。经营长江轮运者，下关一隅有报关行二十九家。津浦路车运大宗货物卸落浦口堆栈后，现以京浦轮渡铁桥尚未完成，仍多由轮船运沪出口。下、浦两埠停轮之码头，为数凡二十七。卸货屯积之堆栈，为数凡二十一。逐日车轮之驶行，货物之起卸，汽笛相闻，昼夜无息。水陆运输之运价，转运报关之收费，亦各自不同。为便商旅，分志于次：

铁路运输

铁路载运货物，向由铁道部规定分等征收运费，或系根据产销情形，或系依据国家经济政策，关系国计民生，至为重大。其分等运费，大别为矿产、农产、森林、禽畜、工艺五类，类各六等。前四类概括可总称为原料，后一类即前四类原料之制成品。如左表：

铁路运输货物分等表

类别	等级	品名	附注
矿产类	二等品	锡、铜、汽油、石油、汽车油	此类包括一切开矿所得及他法所采之物品，凡货物之经制炼而成为工业原料者均属之
	三等品	铜锭、锌锭、黄铜、硫磺	
	四等品	铅、石板石	
	五等品	垩粉、红土、磨光石料、生铁、铅矿砂	
	六等品	磁土或白泥、石灰、泥、沙、碎石料、铁矿砂	
农产类	二等品	荔枝、桂圆、生丝、蚕子、花果、茶叶	此类包括一切稼穑而获之物产，凡种植物经农事制炼始克售卖者亦属之
	三等品	杏仁、胡桃、菜油、豆油、桑叶、菸叶、棉	
	四等品	枣、桃、李、蔬菜、麻、瓜子	
	五等品	麸糠、小菜、谷、小麦、豆、瓜、菜	
森林类	二等品	小树木、檀香木、红木	此类包括一切森林原野非农产，各种植物木材亦属之
	三等品	竹笋、树木、火柴木或火柴杆	
	四等品	竹竿、木料、木板	
	五等品	树皮、树种	
禽畜类	一等品	皮货、羊皮、小绵羊皮	此类包括一切死活禽兽鱼介等类及其皮毛等附属品
	二等品	羊皮、羊毛、毛发、蛋黄、蛋白、海参	
	三等品	驴皮、马皮、狗皮、蛋、羽毛	
	四等品	死鸡鸭、死野兽、脂油、牲肠	
	五等品	鬃毛、骨屑、肥料、牛羊角蹄尖	
	六等品	牲骨	
	驴马类	驴每头每公里洋一分半，马每头每公里洋三分	
	骆驼狗	骆驼每头每公里洋四分，狗每头每公里洋一分	
工艺类	一等品	纸菸、化妆品、绸缎疋头、各种酒、人造丝品	此类包括一切已成工业制造品
	二等品	锡铁磁器、罐头食品、文具、电料品、药材	
	三等品	铜丝、铅丝、火炉、毛毡品、火腿腌腊、棉纱	
	四等品	铜铁管或板、窑货、书籍、肥皂、颜料油漆	
	五等品	砖瓦、冰葵扇、梳打、柏油、破布	
	六等品	灰烬、废纸	

铁路运价

铁路运价，大别为整车与不满整车两种。根据货物之等级，里程之远近，或特价、专价之规定，分别核收，惟京沪、津浦两路现行运价之规定，各有不同，所谓联运运价，亦系限于客商托运之联运货物一部分而言。名目虽多，不外按照普通运费之迭减、迭加两种原则。兹分路列表述之于左：

沪铁路整车（每公吨）普通运价表（自南京站至各站，单位元）

站别	距离公里	一等	二等	三等	四等	五等	六等	备注
南京江边	三	〇·八七	〇·五九	〇·四〇	〇·三〇	〇·二九	〇·二四	一、整车起码运价每公吨收费现洋五角 二、整车吨位以十八吨、二十一吨、三十吨、四十五吨为标准 三、负责运价照表列普通运价加一成负责费及民国二十年三月十六起所加之二成加价（即同时加三成） 四、优先运费照普通运价加一成负责费再加三成优先费，另加普通运价之二成加价 五、最优先运价照普通运价加一成负责费后再加六成最优先费，另加普通运价之二成加价
栖霞山	二四	〇·九九	〇·六六	〇·四五	〇·三四	〇·三二	〇·二七	
龙潭	三四	一·二八	〇·八六	〇·五八	〇·四四	〇·四二	〇·三五	
下蜀	四五	一·六〇	一·〇七	〇·七三	〇·五五	〇·五二	〇·四四	
高资	五七	一·八七	一·二六	〇·八六	〇·六五	〇·六一	〇·五二	
镇江江边	七一	二·一四	一·四四	〇·九八	〇·七四	〇·七〇	〇·五九	
镇江	六九	二·一〇	一·四一	〇·九六	〇·七二	〇·六九	〇·五八	
新丰	九一	二·五一	一·六九	一·一五	〇·八七	〇·八二	〇·六九	
丹阳	九九	二·六六	一·七九	一·二二	〇·九二	〇·八七	〇·七三	
陵口	一〇九	二·八一	一·八九	一·二九	〇·九七	〇·九二	〇·七八	
吕城	一一九	二·九六	一·九九	一·三五	一·〇二	〇·九七	〇·八二	
奔牛	一二六	三·〇六	二·〇六	一·四〇	一·〇六	一·〇〇	〇·八四	
常州	一四四	三·三二	二·二三	一·五二	一·一五	一·〇九	〇·九二	
戚墅堰	一五五	三·四八	二·三四	一·五九	一·二〇	一·一四	〇·九六	
横林	一六一	三·五七	二·四〇	一·六三	一·二三	一·一七	〇·九八	
无锡	一八三	三·八九	二·六一	一·七八	一·三四	一·二七	一·〇七	
浒墅关	二一三	四·三〇	二·八九	一·九七	一·四八	一·四一	一·一九	
苏州	二二五	四·四六	三·〇〇	二·〇四	一·五四	一·四六	一·二三	
昆山	二六〇	四·九二	三·三一	二·二五	一·七〇	一·六一	一·三六	
麦根路	三〇九	五·五六	三·七四	二·五四	一·九二	一·八二	一·五三	
上海北站	三一二	五·五九	三·七六	二·五六	一·九三	一·八三	一·五四	
吴淞货站	三二五	五·七六	三·八八	二·六三	一·九九	一·八九	一·五九	

京沪路不满整车运价　京沪线不满整车运价，照整车货物运价，加高百分之一百。其重量及起码运价，每批至少应按五十公斤计算。倘重量超过五十公斤者，除照五十公斤之运价计算外，所有超过之重量，按二十五公斤为单位，递进计算，加收运价。即不及二十五公斤者，亦仍照二十五公斤计算。每批货物运价，至少以现银五角为起码数。

京沪路特价表

货别	运输区域	价率	附记
煤	适用于本路上行车	照六等运价减去百分之二十五	二成加价免收
煤油	适用于本路上行车	照二等运价减去百分之五十	
水牛	本路各站	照每头每公里洋三分之价减去百分之六十七	押运人准免费
黄牛	本路各站	照每头每公里洋二分之价减去百分之五十六	
猪	本路各站	照每头每公里半分之价减去百分之四十五	
活家禽	本路各站	照二等运价减去百分之四十五	只指整车货
糖或冰糖	适用于本路整车货上行车	照三等运价减去百分之三十五	
废茧	两路各站	照四等不满整车运价加百分之二百五十	无论整车或不满整车均按过磅实重计算暂免过尺
优等棉纱	本路各站	照三等运价减去百分之二十	一、凭中华全国纱厂联合会凭证报运得再减去百分之二十
普同棉纱	本路各站	照四等运价减去百分之二十	二、只适用不满整车运价
精制棉纱疋头	本路各站	照二等运价减去百分之二十	三、按过磅实重计算暂免过尺
普通棉纱疋头	本路各站	照四等运价减去百分之二十	

京沪路专价表

货物种类	行名	运输区域	价率	附记
针	山东华丰制针厂出品	两路各站	照分等表原定等级减低一等	自二十一年十月一日起以二年为限
纺织绢纱	纬成公司出品	两路各站	按货物等级核减运费三成	自二十年六月十六日起以二年为限
芦浆制纸	江南造纸公司出品	两路各站	按货物所列等级减二成运价	自二十年五月十六日起以二年为限
国货火柴成品及梗盒片箱板	中华火柴联合会各公司	两路各站	减按四等货收费	自二十二年一月一日起展期一年
教育用品	公众	两路各站	每百公斤每公里收费一厘七毛	图书仪器及印刷品
国货展览品及陈列品	公众	两路各站	照普通运价减收半费	须验明实业部印发之减费运单

南京站及江边站装卸费价目表

地别	装卸	每公吨装车力(元)	每公吨卸车力(元)	每五十公斤或不满五十公斤装卸力(元)	备注
南京	由货栈至货车或由货车至货栈	〇·一五	〇·一二	〇·〇二	
	由地至货车或由货车至地	〇·一五	〇·一二	〇·〇二	
南京江边内坞	由船至货栈由货栈至船	〇·五〇	〇·五〇	〇·〇二	
	由货栈至货车或由货车至货栈	〇·五〇	〇·五〇	〇·〇二	
	由船至货车或由货车至船	〇·五〇	〇·五〇	〇·〇二	
	由船至货栈后再至货车或由货车至货栈再至船	〇·五〇	〇·五〇	〇·〇二	
	由船至地再至货车或由货车至地再至船	〇·五〇	〇·五〇	〇·〇二	指不存栈在地暂置之货

续表

地别	装卸	每公吨装车力(元)	每公吨卸车力(元)	每五十公斤或不满五十公斤装卸力(元)	备注
南京江边外坞	由船至A字及B字货栈或由A字及B字货栈至船	○·五○	○·五○	○·○二	
	由船至B字货栈	○·五○	○·五○	○·○二	
	由船至货车或由货车至船	○·五○	○·五○	○·○二	
	由货栈至货车或由货车至货栈	○·五○	○·五○	○·○二	

津浦铁路普通整车自浦口至各站每公吨运价表　（单位元）

站别	距离公里	一等	二等	三等	四等	五等	六等	备注
浦镇	三·六〇	一·二三五	一·〇三〇	〇·七九〇	〇·五一五	〇·四四六	〇·三四四	一、负责费货主负责费加一成五，铁路负责费加一成外，另加普通运费一成五加价 二、优先费应照负责运费加三成，另加普通运费之一成五加价 三、最优先费应照负责运费加六成，另加普通运费之一成五加价
滁州	四九·九一	三·〇八九	二·五七四	一·九七五	一·二八七	一·一一六	〇·八五八	
明光	一一四·一七	七·〇一三	五·八四四	四·四八〇	二·九二三	二·五三四	一·九四九	
临淮关	一五·〇九四	九·〇一二	七·五一二	五·七五九	三·七五七	三·二五六	二·五〇四	
蚌埠	一七·五二一	一〇·四〇三	八·六六九	六·六四六	四·三三六	三·七五七	二·八八九	
固镇	二一·七九一	一六·六二七	一〇·五二三	八·〇六七	五·二六三	四·五六一	三·五〇八	
南宿州	二六·五一一	一五·〇〇〇	一二·四九九	九·五八一	六·二五〇	五·四一六	四·三四五	
徐州	三四·〇〇二	一八·四九六	一五·四一三	一一·八一七	七·七〇七	六·六七九	五·一三八	
柳泉	三六·一一三	一九·三六〇	一六·一三三	一二·三七〇	八·〇六七	六·九九一	五·三七七	
临城	四〇·七一二	二一·三〇一	一七·七五一	一三·六〇九	八·八七六	七·六九一	五·九一八	
滕县	四四·〇七七	二二·五六一	一八·八〇一	一四·四一五	九·四〇一	八·一四九	六·二六六	

续表

站别	距离公里	一等	二等	三等	四等	五等	六等	备注
兖州	五〇·一四五	二四·七七三	二〇·六四四	一五·八二七	一〇·三二二	八·九四六	六·八八一	
泰安	五八·五六六	二七·三六八	二二·八〇六	一七·四八五	一一·四〇四	九·八八三	七·六〇三	
济南	六五·七四五	二九·二八二	二四·四〇一	一八·七〇七	一二·二〇一	一〇·五七五	八·一三五	
禹城	七〇·八七〇	三〇·四九三	二五·四一二	一九·四八二	一二·七〇五	一一·〇一三	八·四七一	
德州	七七·五〇六	三一·六七九	二六·三九八	二〇·二三九	一三·一九九	一一·四四〇	八·八〇〇	
东光	八二·九四二	三二·四九五	二七·〇七九	二〇·七六一	一三·五四〇	一一·七三四	九·〇二六	
沧州	八八·八六四	三二·二三六	二七·六九七	二一·二三三	一三·八四八	一二·〇〇二	九·二三三	
静海	九六·一八四	三三·七九一	二八·一六〇	二一·五九〇	一四·〇八一	一二·二〇二	九·三八六	
天津总站	一〇〇九·四八	三二·一二三	二六·七七〇	二〇·五二四	一三·三八五	一一·六〇〇	九·四四四	

津浦铁路不满整车每五十公斤货物运价表（单位元）

公里	一等	二等	三等	四等	五等	六等	备注
一—二〇	〇·〇九三	〇·〇七八	〇·〇六〇	〇·〇三九	〇·〇三四	〇·〇二六	不满整车货物随到随运，不办优先装运及最优先装运
五〇	〇·二三二	〇·一四九	〇·一四九	〇·〇九七	〇·〇八四	〇·〇六五	
一〇〇	〇·四六四	〇·三八七	〇·二九七	〇·一九四	〇·一六八	〇·一二九	
一五〇	〇·六七二	〇·五六〇	〇·四三〇	〇·二八一	〇·二四三	〇·一八七	
二〇〇	〇·八八一	〇·七三四	〇·五六三	〇·三六七	〇·三一八	〇·二四五	
二五〇	一·〇六六	〇·八八九	〇·六八一	〇·四四五	〇·三八五	〇·二九七	
三〇〇	一·二五一	一·〇四三	〇·八〇〇	〇·五二二	〇·四五二	〇·三四八	
三五〇	一·四一四	一·一七八	〇·九〇三	〇·五八九	〇·五一一	〇·三九三	
四〇〇	一·五七六	一·三一三	一·〇〇七	〇·六五七	〇·五六九	〇·四三八	
四五〇	一·七一五	一·四二九	一·〇九六	〇·七一五	〇·六二〇	〇·四七七	
五〇〇	一·八五四	一·五四五	一·一八五	〇·七七三	〇·六七〇	〇·五一五	

续表

公里	一等	二等	三等	四等	五等	六等	备注
五五〇	一·九七〇	一·六四一	一·二五九	〇·八一二	〇·七一二	〇·五四七	
六〇〇	二·〇八五	一·七三八	一·三三三	〇·八六九	〇·七五三	〇·五八〇	
六五〇	二·一八一	一·八一八	一·三九四	〇·九〇九	〇·七八八	〇·六〇六	
七〇〇	二·二七一	一·八九二	一·四五一	〇·九四六	〇·八二〇	〇·六三一	
七五〇	二·三四三	一·九五三	一·四九七	〇·九七六	〇·八四六	〇·六五一	
八〇〇	二·四一〇	二·〇〇八	一·五四〇	一·〇〇四	〇·八七〇	〇·六七〇	
八五〇	二·四五六	二·〇四七	一·五六九	一·〇二四	〇·八八七	〇·六八三	
九〇〇	二·五〇二	二·〇八五	一·五九九	一·〇四三	〇·九〇四	〇·六九八	
九五〇	二·五二六	二·一〇五	一·六一四	一·〇五三	〇·九一二	〇·七〇二	
一〇〇〇	二·五四九	二·一二四	一·六二九	一·〇六二	〇·九一二	〇·七〇八	

津浦铁路特价表

货物种类	行名	起讫站里程	价率：整车	价率：整列车	附记
煤	各煤矿公司（除另定外）	至五十公里以内	照普通全价	照整列全价减一成	
		五一至一〇〇公里	照普通运价减一成	照普通运价减二成	
		一〇一至二〇〇公里	照普通运价减二成	照普通运价减三成	
		二〇一至三〇〇公里	照普通运价减三成	照普通运价减四成	
		三〇一至四〇〇公里	照普通运价减四成	照普通运价减五成	
煤	同前	四〇〇公里以外 由起运站至浦口 由起运站至天津	照普通运价减五成	照普通运价减六成 照上运价再减一成 照上运价再减一成	
黑枣	公众	由禹城 至浦口 由洛口 由济南 至浦口 由岗山	整车每公吨	九·三〇元 八·九〇元 八·九〇元 八·七〇元	另加一成加价限，十月一日起至十二月三十一日止
天然冰	公众	天津西站 德州 至浦口 洛口	整车每公吨	七·八〇元 六·六三元 六·二四元	按实重计，另加一成五加价
第一至第五等普通货物	公众	天津总站及东西站来往浦口 陈唐庄来往浦口	整车按八百公里计算运费	贵重品危险品除外，东站至总站须加调车费	
花生及花生仁	公众	济南或枣庄至浦口	整车每公吨七元八角	另加一成五加价	

续表

货物种类	行名	起讫站里程	价率		附记
			整车	整列车	
猪鬃、茶叶、干果、豆油、花生油、干柿、干荷叶、书籍、新闻纸、面粉、梨木、电杆、生姜、竹帚、成捆干皮或湿皮、竹杆或竹枝	公众	各站至各站	上列各货无论按公斤或整车，运价起票均按普通运价减百分之八		
核桃、核桃仁、橘、甜根菜、鲜果、扫帚、肥料、生棉花、包捆棉花、中国粗纸、麸糠、压实棉花、普通筐篮、瓜子、茶末、茶梗、山查	公众	各站至各站	上列各货无论按公斤或整车，运价起票均按普通运价减百分之四		
筐篮、编器、棉花、鸡蛋、麻、窑器、带壳花生、苧麻、高粱梗及壳、中国灯笼、干叶、火柴及其杆料、活禽、茶叶、国货寻常纸张、蒲及蒲棒、编帽草、草帽辫、国货纸烟、棉纱、干果草、芦苇、笤帚、竹什、生果、蔬菜、磁器、蚕茧	公众	各站至各站	上列各货按公斤运价起运时应照体积或重量计算，视何种收费较大即照何者核收，以百五十立方公寸等于五十公斤计算，倘专用一车装运应即按实在重量及体积以三立方公尺合为一公吨之重量计算，视何者为大即按何者收费，但起码之数至少须照整车车吨三分之一收费		
行李		各站至各站	凡行李交由货车运送应按二等运价收费		
国货展览品及陈列品	公众	各站至各站	照普通运价减半收费	须验明实业部减费印单	

续表

货物种类	行名	起讫站里程	价率		附记
			整车	整列车	
能修理之机件	公众	各站至各站	照规定等级减低一等		
不能修理之机件	公众	各站至各站	照废铁列等		
教育用品	公众	各站至各站	每百公斤每公里一厘七毛		
煤焦炭	公众	各站至各站	免收一成五加价	二十三年二月二十一日以前有效	
整车大米	公众	由浦口至天津	按八百里之普通运价八折计	廿二年十月起一年为限，负责费加价费均应照收	
纸烟	公众	由天津至德州	整车或不满整车一律照普通运价减百分之二十	二十二年九月起二十三年十月止	
食盐	公众	徐州至蚌埠	免收一五加价		
面粉	公众	由浦口起运至潼关	整车较普通运价减收五成	二十三年底止	

津浦路专价表

货物种类	行名	运输区域	价率	附记
煤	中兴煤矿公司	由枣庄至浦口	每二〇公吨整车洋五二·六八元 专车运送每公吨洋二·二〇元	
煤	大通煤矿公司	蚌埠至各站	整车及列车均按运煤特价办理	自二十三年一日起
焦炭	中兴煤矿公司	枣庄至浦口	整车装运与煤斤运价同	按公吨价装运照煤斤价加五成
机器材料	淮南煤矿公司	各站至蚌埠	按七五折收费	
中央银行现币钞票	中央银行	各站至各站	免费	
中央银行铜元	中央银行	各站至各站	按普通价八折收费	须验财部护照及该行公函
中交银行现币钞票	中国银行 交通银行	各站至各站	照普通运价六折收费	须由该行填具凭单
实业部或北平度量衡制造所出品	实业部、北平度量衡制造所	各站至各站	照普通运价减半收费	
印花税票	财政部	各站至各站	照普通运价六折收费	
中央广播无线电台运送材料机件	中央广播无线电台	各站至各站	免费	须中央宣传部证明书
交通部电报电话材料	交通部	各站至各站	照普通运价减半收费	须交通部减价执照

续表

货物种类	行名	运输区域	价率	附记
中央及地方各机关办公用品	中央、地方各机关	各站至各站	照普通运价减半收费	须验明铁道部运送公物凭单
电灯自来水	中央地方之官营业务机关	各站至各站	照普通运价七五收费	同
国货火柴及硬片盒箱板	中华火柴联合会各公司	各站至各站	减按四等货收费	须验明该联合会证明书，限廿三年底止
振济用品	中央振务委员会	各站至各站	按普通运价五折收费	须验铁道部之减价凭单
消费合作社物品	各路	各站至各站	按普通运价五折收费	须有部电
针	山东丰华制针厂	各站至各站	按原定等级减一等	
铁矿砂	利华铁矿公司出品	自利国驿至浦口	按普通运价减三成收费	
盐酸、漂白粉	天原电化厂	各站至各站	按货物分等减低一等	廿二年四月一日起以一年为限
烧碱	同	各站至各站	按五等收费	同
运柩	北平苏省义园	自北平经浦口至上海	每二十吨车装柩八具，按柩数减收半价	须验该园运柩标证及图章
酸	开成造酸公司出品	各站至各站	按分等表减半收费	廿三年一日起至廿六年底止

津浦铁路浦口站装卸费价目 浦口站无论任何货物，凡不满整车，每五十公斤收装卸费二分五厘。由船至栈，由栈至船，收搬运费三分。

联运货物运价递远递减办法 联运货物运价，业于二十二年十一月一日起施行。除按各路经行里程，照各该路现行运价，各自零点里程起算运费外，再给予经行各路联运货物递远递减之折扣。其递远递减之百分率，如左表：

京沪、浦津铁路联运货物递远递减运价表

公里		减收百分率	应用何数与运价原额相乘	公里		减收百分率	应用何数与运价原额相乘
由	至			由	至		
五〇一	六〇〇	一	·九九	一八〇一	一九〇〇	一四	·八六
六〇一	七〇〇	二	·九八	一九〇一	二〇〇〇	一五	·八五
七〇一	八〇〇	三	·九七	二〇〇一	二一〇〇	一六	·八四
八〇一	九〇〇	四	·九六	二一〇一	二二〇〇	一七	·八三
九〇一	一〇〇〇	五	·九五	二二〇一	二三〇〇	一八	·八二
一〇〇一	一一〇〇	六	·九四	二三〇一	二四〇〇	一九	·八一
一一〇一	一二〇〇	七	·九三	二四〇一	二五〇〇	二〇	·八〇
一二〇一	一三〇〇	八	·九二	二五〇一	二六〇〇	二一	·七九
一三〇一	一四〇〇	九	·九一	二六〇一	二七〇〇	二二	·七八
一四〇一	一五〇〇	一〇	·九〇	二七〇一	二八〇〇	二三	·七七
一五〇一	一六〇〇	一一	·八九	二八〇一	二九〇〇	二四	·七六
一六〇一	一七〇〇	一二	·八八	二九〇一	三〇〇〇	二五	·七五
一七〇一	一八〇〇	一三	·八七				

转运公司 南京转运业，可分二帮：一为京沪路转运公司，集中于下关，计永顺等三十六家；一为津浦路转运公司，集中于浦口，计津浦等三十一家；两埠共六十七家。各家资本大者二万元，小者二千元，全业资本约三十万元，其业务一为代客装卸车运货物，一为代客办理报关。其运货手续，分为接

货、存栈、填单、讨车、纳税、装车、呈报铁路、领单八步。其取货手续，分为提货、纳税、进栈、交货四步。运费悉照铁路运价，每十吨另抽手续费二元。自联运实行，营业锐减，二十二年全业营业，约仅五十万元。兹将各转运公司牌号、地址列表于左：

南京转运公司一览表

牌号	地址	牌号	地址
永顺	下关洋桥街	义兴	下关米市街
汇源	邓府巷	宏大	洋桥街
协丰仁	米市街	华昌新	龙江桥
协商	洋桥街	瑞泰恒	龙江桥
捷运	洋桥街	沅通	米市街
通济	洋桥街	协丰	河沿街
铃昌	三马路	铭记	河沿街
公益	三马路	中和	河沿街
聚兴	米市街	汇北公益	米市街
清记	鲜鱼巷	永泰隆	鲜鱼巷
利兴	鲜鱼巷	大昌	鲜鱼巷
福通	鲜鱼巷	商务	京沪车站
协太恒	鲜鱼巷	亘记	虹门口
永大	三马路	华盛义	龙江桥
商业	三马路	马清记	大马路
福记	下关	兴成	三马路
通益	京沪车站	叶盛义合记	京沪车站
鼎通	京沪车站	其他浦口三十一家	浦口
通达	京沪车站		

轮船运输

轮船运输，普通分为客运、货运两大类，多以货运收入为主。我国航运办理垂数十年，然以迭经变故，仍在草创时期。旧时经营，偏重客运一方面，对于货运未甚注意。运货价格，尝由六公司分埠协定，报请备案而已。然货重单位既各不同，各埠上下水脚又不一律，货客苦之。拟自本年七月一日起，货运一律改用公斤，运价亦拟重新规定。兹将相沿所用大宗货物运价表列于左：

南京轮船运费价格表

运往地名	品名	单位	运费价格（元）
上海	煤	吨	一〇·一五
	棺柩	具	四二·〇五
	铁器	吨	一〇·八四
	家具	四〇立方尺	一〇·八八
	度量衡器	四〇立方尺	一〇·八八
	上等纸	担	一·八九
	二等纸	担	一·六〇
	菸丝	担	一·六〇
	货币	千元	五·八〇
	其他杂货	吨	一〇·八四
芜湖	煤	吨	七·二五
	棺柩	具	三三·三五
	铁器	吨	七·三〇
	家具	四〇立方尺	八·七〇
	度量衡器	四〇立方尺	七·三〇
	上等纸	担	一·〇二
	二等纸	担	〇·八七
	菸丝	担	一·三〇
	货币	千元	四·三五
	麦糠	担	〇·四四

续表

运往地名	品名	单位	运费价格（元）
	蛋	千个	一·一六
	扇面	包	〇·八七
	猪毛	担	二·一八
	其他杂货	吨	八·三四
镇江	煤	吨	七·二五
	棺柩	具	三三·三五
	铁器	吨	七. 三〇
	家具	四〇立方尺	八·七〇
	度量衡器	四〇立方尺	七·三〇
	上等纸	担	一·〇二
	二等纸	担	〇·八七
	菸丝	担	一·三〇
	货币	千元	四·三五
	其他杂货	吨	八·三四

报关行

南京报关行，原有马清记等三十三家。去今两年中，歇闭群益、益顺、清记、陶锦记四家，现存二十九家。分为北洋、南洋、长江、通天四帮，大抵因客货来源地域而分，惟通天帮不分地域。其业务代客装卸输运货物，介绍船只，或设置房间及临时堆栈，对于货主向例一年结账三次，故常须垫付保险费及运货费。报关手续既有常关、海关之不同，又有进口、转口之歧异。

甲．进口货报关手续约分七种：一、领取提单填明数目；二、交轮船公司签字，付清水脚；三、汇齐报单、小验单、提单送交海关审核；四、海关根据上项单据批准税额；五、海关再将上项单据与轮公司核对；六、事主收到税单后，即前往付税；七、海关收到税款后，即将提单盖印批准。

乙．出口货报关手续约分八种：一、至轮公司填下货单，向商品局检验请给证明书；二、根据下货单填就出口报单与商品局证书，一并送关；三、海关根据上项单据派员检验；四、验关无误，准出付货税单；五、事主领得税单，即前往付税；六、付税后，海关将下货单盖印发出；七、事主领得下货单，即装船上货，由账房给予收据；八、将收单送至轮船公司换取提单。

丙．转口报关，如从南京运至上海，又须转运青岛，即为转口报关。须另取具转口报单，其单有一定期限，在限内不完关税及码头捐，过期又须照章完纳。以上皆为海关报关手续。至于常关无甚大异，其报关办公时，除星期及封关日外，规定每日上午九时至下午四时，均收受进出口报单。惟民船报单，须至翌日，冰鲜鱼船则当日查验。

上列手续，皆为各家所共守。各家资本大者二千元，小者二百元，计共一万二千九百元。报关手续费，包上下力、验关、筵酒一并在内。可大别为三等：洋货疋头为上等，每件收洋六角；油糖杂货为中等，每件收洋二角至三角；米麦杂粮为下等，每件收洋六分。二十二年全业营业仅七万三千四百五十元，较廿一年减少约万余元。兹将各家概况，列表于左：

南京市报关行概况表

牌号	组合	资本（元）	牌号	组合	资本（元）
马清记	独资	八〇〇	厚昌	独资	五〇〇
宝隆	独资	一〇〇〇	福和公	独资	五〇〇

续表

牌号	组合	资本（元）	牌号	组合	资本（元）
协和	独资	五〇〇	协记	独资	五〇〇
复兴祥	独资	五〇〇	春记	独资	三〇〇
长有	独资	五〇〇	恒记	独资	五〇〇
张汉记	独资	五〇〇	三友	合资	三〇〇
刘永记	独资	二〇〇	老华盛义	合资	五〇〇
德记	独资	五〇〇	元和	独资	四〇〇
瑞昌公	独资	四〇〇	和祥	独资	一〇〇〇
毕友记	独资	三〇〇	广汇长	独资	五〇〇
盛永记	独资	五〇〇	汇通	独资	四〇〇
厚记	独资	五〇〇	太古协	独资	一〇〇〇
万昌隆	独资	三〇〇	太古季记	合资	二〇〇〇
盛永记	独资	一〇〇〇	怡和陵	独资	五〇〇
华盛义合记	独资	五〇〇			

码头堆栈　南京码头堆栈，均集中于下关、浦口两埠，长江南北岸计有码头二十七处，堆栈二十一所。列表于左：

南京码头堆栈一览表

一、码头

码头别	地址	附注	码头别	地址	附注
中山码头	下关中山路口	由南而北	三北公司码头	招商码头左侧	宁绍公司码头即合在此处
大坂码头	金陵关前		芜湖班码头	北安里前面	
太古码头	小车站西		日清码头	小车站西	
招商码头	招商局西		海军码头	大马路	
扬子码头	招商局西		泰丰码头	大马路口	
怡和码头	怡和洋行前面		澄平码头	西炮台傍	渡江者至此登航

续表

码头别	地址	附注	码头别	地址	附注
官码头	浦口车站前	由南而北	大安码头	西炮台傍	
宁绍码头	浦口		义渡局码头	老江口	
津浦上货码头	浦口		救生局码头	老江口	
港务处码头	浦口		戴生昌码头	升顺里前面	
怡和码头	浦口		京沪路渡江码头	煤炭港	
太古码头	浦口		中兴公司码头	煤炭港右侧	
贾汪码头	浦口		和记公司码头	和记洋行前	
中兴码头	浦口				

二、堆栈

堆栈别	地址	堆栈别	地址
沪宁铁路南京站货栈	下关车站	三号前后部货栈	浦口
沪宁路南京江边 A、B、C、D 四字货栈	江边	四号货栈	浦口
怡和趸船货栈	下关	六号货栈	浦口
日清趸船货栈	下关	七号前后部货栈	浦口
太古趸船	下关	八号前后部货栈	浦口
太古糖栈	下关	招商货栈	浦口
三北公司趸船	下关	B 字货栈	浦口
货蓬栈	下关	中山、烈山煤栈	浦口
一号货栈	浦口	美字火油栈	浦口
二号前后部货栈	浦口	亚细亚火油栈	浦口

物产

南京市区,因现照警区管辖为范围,故农产不多,然亦各数具备,工艺品且较从前发达。兹就各方面所得材料,汇为物产概况表如左。共计产值,凡八百三十一万余元。他如花木、树苗、农业器具,为备注所未详者,更为附说于后。

南京市物产概况表

种类	产品	数量	数值(元)	产源	销路	备注
农产品	米	七〇、〇〇〇石	三八五、〇〇〇	东乡、南乡	本地	产东乡者名团颗,南乡者名黑稻,味香质厚
	面粉	二、〇八三、四〇〇石	五、〇〇〇、〇〇〇	三汊河大同扬子工厂	徐州蚌埠临淮芜湖六合	
	蔬菜	一二〇、〇〇〇担	二四〇、〇〇〇	城厢各圃	本地	以双塘之苋菜、瓢儿菜,高桥门之萝卜,皇城大头菜为著
	鱼	一、二〇〇担	一二、〇〇〇	玄武湖	本地	全湖面积可放鱼四十万尾,廿二年曾放鱼八万尾
	樱桃	三、〇〇〇担	九、〇〇〇	玄武湖	本地	孝陵卫西瓜、尧化门瑶枣亦为南京名产
	芡实		六、〇〇〇	莫愁湖、玄武湖	本地	
	石榴		一、五〇〇	崖山十二洞、玄武湖	本地	
	藕		六〇〇	玄武湖	本地	沙洲圩产藕菱亦丰

续表

种类	产品	数量	数值（元）	产源	销路	备注
	大头菜萝卜干	二、三七六担	三三、三八二	通济门外皇城等处	各埠	紫金山产太子参、云雾茶、百合等
矿产品	煤	九、〇〇〇吨	一三〇、五〇〇	铁石冈、煤炭山	本地	雨花石产永宁泉之石子岗，每粒铜元数枚
工艺品	京缎	二八、〇〇〇疋	一、一二〇、一九〇	本京各缎号	各埠	以库司坊之黄锦昌，高冈里之魏广兴出品为良
	云锦	一〇、〇〇〇疋	一八七、八〇〇	本京各缎号	各埠	
	漳绒	一八〇件	二、七五〇	本京各织户	各埠	
	建绒	五〇〇件	一三、〇〇〇	本京各织户	各埠	
	彩绒	八四丈	三、二〇〇	本京各织户	各埠	
	宁绸	二、八〇〇丈	八二、〇〇〇	立成绸厂	各埠	
	广布	八、二五〇丈	二七、〇〇〇	本京各布厂	本地	
	毛巾	三、〇〇〇打	四、〇〇〇	本京民生厂	本地	
	砖 瓦	二、〇〇〇、〇〇〇块 四、一一〇、〇〇〇片	三七六、八〇〇	和平门外	本地	
	瓦筒 浴盆 面盆便桶	一四七、〇〇〇个 一〇〇只 一〇〇只	一三七、〇〇〇	和平门外	本地	
	板鸭 盐水鸭 油鸡	二五〇、〇〇〇只	三〇〇、〇〇〇	建康路韩复兴、东牌楼刘天兴、彩霞街金慎源各家	各埠	
	酒	五、七〇〇担	九二、〇〇〇	出济丰、华丰裕二厂	本地	
	洋烛 肥皂 碱	一、六〇〇箱 七、七五〇箱 八〇〇块	三九、六〇〇	本京各厂	本地 句容 溧水	
	柴油引擎 抽水机 面粉机 打火机 碾米机	二四架 三〇〇架 三〇架 五架 四架	八四、〇〇〇	本京各厂	本京 安徽	

续表

种类	产品	数量	数值（元）	产源	销路	备注
	饭锅	九〇、〇〇〇口	二〇、四〇〇	本京各厂	本京 蚌埠 句容 当涂	
	火炉	五〇〇只				
	电池	一〇、〇〇〇打	五、〇〇〇	耀华分厂	本京	
合计			八、三一二、七二二			

树苗

金陵大学有园林场三十余亩，年产花木树苗，价值三万余元。中央大学在城内外，共有园艺、畜牧、稻作、棉作各种试验场四千四百余亩，年产计值约五万余元。五洲公园在和平门外十八家地方，苗圃一百零八亩，植苗三十余种，年产苗值六千余元。总理陵园附近，培植各种风景林、经济林尤多。此外各院、部及神策门外之私人园艺，亦逐渐增加。

农业器具

中央大学农具制造所，能制各种犁耙、中耕器、播种器、发芽器、轧花机及其他一切小型农具。销售河南、浙江、江苏、四川等省。内以中耕机、棉花播种机，销售为最多。

工业

南京为长江商埠之一,向非工业区域。具有历史性之工业,在明清时代,曾以缎绒、宁绸著称一时,后加改良,又有闪花摹本缎、贡缎、天鹅绒次第出现。孝陵卫、秣陵关、禄口及城西南隅,并为经绒、宁绸、宫绸之集合产源,当其全盛时,共有织机三万余张,年可出缎二十余万疋,产值一千二百余万元,住民依此为生者,人数在二十余万以上。自洪杨兵燹,工人流离,业遂中落。民国七八年后,一面受舶来品之侵销,一面受高丽、安南销场之重税,营业益微。奄奄迄今,织机递减至千余张,出品行且无人过问矣。民元以来,仅有电厂、造币厂之设置。自国府建都,人口激增,建筑殷繁。因需要而新兴之工业,以面粉厂、碾米厂、机器厂、砖瓦厂、营造厂、自来水厂、印刷业,进展为较速。余如酒厂、布厂、烛厂、电镀厂、煤球厂等类似作坊之厂所,为数仍少,营业亦微。兹就各厂各业现状,分志于左:

一、面粉厂

南京面粉制造厂,原有大同、扬子、泰昌三家,前二厂设于三汊河,后一厂设通济门外。共有面磨三十六具,打粉机百余架,清麦机多架,推为京市规模较大之工厂。惟泰昌已于二十二年上年歇闭,现存大同、扬子二厂。大同商标为月兔牌,扬子商标为扬子、龙马、多子、八卦四种。年出共面粉二百七十万袋,麸皮七十五万袋,行销江苏、安徽各埠,全年营业,共约五百万元。如左表:

表一

厂别	成立年份	厂址	资本数(元)	经理姓名	职员人数	工人人数	柴油引擎座数	引擎马力	工作机座数	机械总值(元)
大同面粉公司	民国十年	三汊河	一、〇〇〇、〇〇〇	卞筱卿	七〇	一一五	一	七二〇	九四	五二〇、〇〇〇
扬子面粉厂	民国二十年	三汊河	三〇〇、〇〇〇	黄光衢	四二	一七〇	一	二四〇	一二	三〇、〇〇〇
合计			一、三〇〇、〇〇〇		一一二	二八五	二	九六〇	一〇六	五五〇、〇〇〇

表二

厂别	工人工资(月计)最高(元)	工人工资(月计)最低(元)	每日工时	小麦需量(担)	小麦需值(元)	年产量(袋)	年产值(元)	营业数(元)
大同	九五	一五	八小时	八〇〇、〇〇〇	四、四〇〇、〇〇〇	面粉 一、五〇〇、〇〇〇 麸皮 五〇〇、〇〇〇	四、〇〇〇、〇〇〇 七〇〇、〇〇〇	二、〇〇〇、〇〇〇
扬子	九〇	一五	六一十二时	六〇〇、〇〇〇	四、〇〇〇、〇〇〇	面粉 一、二〇〇、〇〇〇 麸皮 二五〇、〇〇〇	三、〇〇〇、〇〇〇 三七五、〇〇〇	三、〇〇〇、〇〇〇
合计				一、四〇〇、〇〇〇	八、四〇〇、〇〇〇	面粉 二、七〇〇、〇〇〇 麸皮 七五〇、〇〇〇	七、〇〇〇、〇〇〇 一、〇七五、〇〇〇	五、〇〇〇、〇〇〇

二、碾米厂

南京自建都截至现在,人口激增至七十二万余人,其食粮之消耗,平均每人每日以食米五合计算,则日需米三千六百石,积年则需一百二十余万石。此种巨量之需额,除一部分由外埠运入外,多数均由本市米厂精碾供给,京市碾米业亦因之发达,散布于中华门外、汉西门外、通济门外及下关等处者,共计凡三十九厂。全业资本凡八万余元,职员二百三十四人，工人五百二十五人。各厂设备，共计有柴油引擎四十二具，马力七百零四匹，米斗七十五具，米砻十八具。每日出米最多可六千石，但实际上仅至半数以上。所出之米，皆销售本市，以供民食。至于碾米收费，籼粳糯米，均分单碾、双碾、三碾三种。籼米每石单碾八分，双碾一角，三碾一角二分；粳米每石单碾一角，双碾一角二分，三碾一角四分；糯米每石单碾一角二分，双碾一角四分，三碾一角六分。二十二年全业营业，凡一十六万三千余元。如左表：

厂别	成立年份	厂址	机械种类	资本数（元）	经理姓名	职员人数	工人人数	营业数（元）
庚新机米厂	民国十八年	二码头	二〇匹柴油引擎一、米斗三、米砻三	二、〇〇〇	邓寿齐	一五	四四	一〇、〇〇〇
联益机米厂	民国十七年	扫帚巷	二四匹柴油引擎一、米斗二	一、〇〇〇	葛易昆	七	一八	三、〇〇〇
永丰机米厂	民国十九年	长干桥下	一四匹柴油引擎一、米斗一	四、〇〇〇	戴子平	六	一〇	一二、〇〇〇
天盛机米厂	民国十年	江宁	二四匹柴油引擎一、米斗二	二、〇〇〇	王道源	二六	一八	六、〇〇〇
华丰机米厂	民国十四年	扫帚巷	柴油引擎二、共三四匹、米斗三	三、五〇〇	张孝全	二五	二四	一〇、五〇〇
隆和机米厂	民国十二年	中华门外燕支口	一八匹柴油引擎一、米斗一	一、〇〇〇	周近先	五	七	三、〇〇〇
信昌机米厂	民国五年	芦席巷	一〇匹柴油引擎一、米斗一	五〇〇	武明森	五	六	一、五〇〇
震丰机米厂	民国七年	上码头	八匹柴油引擎一、米斗一	一、四〇〇	梁河清	四	八	四、二〇〇
周锦记米厂	民国十一年	中华门外西街	三〇匹柴油引擎一、米斗三、米砻四	一、五〇〇	周长生	九	七	四、五〇〇
泰和机米厂	民国十一年	上码头	一八匹柴油引擎一、米斗二	二、〇〇〇	王仰斌	九	九	六、〇〇〇
同和机米厂	民国十三年	西街	二〇匹柴油引擎一、米斗二	一、〇〇〇	程鉴之	四	六	三、〇〇〇
杜天兴机米厂	民国十四年	上码头	一八匹柴油引擎一、米斗二	二、〇〇〇	杜侃之	九	一三	六、〇〇〇

续表

厂别	成立年份	厂址	机械种类	资本数（元）	经理姓名	职员人数	工人人数	营业数（元）
聚昌机米厂	民国二十一年	扫帚巷	二四匹柴油引擎一、米斗二	二、〇〇〇	车晓六	一〇	一五	六、〇〇〇
乾泰盛机米厂	民国十九年	三汊河	一二匹柴油引擎一、米斗二	二、〇〇〇	杭浚泉	五	二六	一、三五〇
振昌机米厂	民国七年	三汊河	二〇匹柴油引擎一、米斗三	三、〇〇〇	周慕光	八	二一	一、五〇〇
涌甡和机米厂	民国十二年	汉西门外	二〇匹柴油引擎一、米斗二	三、五〇〇	蓝存奎	五	一四	四、〇〇〇
公和米厂	民国十八年	虹霁桥	一八匹柴油引擎一、米斗二	三、〇〇〇	陈问林	|	九	三、二〇〇
嘉禾机米厂	民国十六年	凤仪里	一六匹柴油引擎一、米斗二	三、〇〇〇	沈裕民	|	八	三、二〇〇
润昌祥米厂	民国二十年	下米市街	八匹柴油引擎一、米斗二	六、〇〇〇	吴介丞	|	一四	四、〇〇〇
裕记机米厂	民国二十年	河沿街	八匹柴油引擎一、米斗二	二、〇〇〇	沈万伯	|	八	三、〇〇〇
德和机米厂	不详	凤仪里	八匹柴油引擎一、米斗一	三、〇〇〇	唐鉴庭	|	一二	三、二〇〇
泰昌机米厂	民国二十一年	米市街	八匹柴油引擎一、米斗一	二、〇〇〇	达少洲	|	六	三、八〇〇
衡余机米厂	民国二十年	三码头	柴油引擎二、共二八匹，米斗二、米砻四	四、〇〇〇	徐锡光	一四	二〇	五、〇〇〇

续表

厂别	成立年份	厂址	机械种类	资本数（元）	经理姓名	职员人数	工人人数	营业数（元）
福来机器米厂	民国十七年	下码头	二〇匹柴油引擎一、米斗二、米砻四	四、〇〇〇	周宾臣	四	二〇	四、八〇〇
黄复昌机米厂	民国十一年	下码头	二〇匹柴油引擎一、米斗二、米砻三	四、〇〇〇	黄月轩	一四	二六	五、〇〇〇
义丰祥机米厂	民国八年	扫帚巷	八匹柴油引擎一、米斗一	一、〇〇〇	艾宗发	八	六	三、〇〇〇
金厚丰机米厂	民国十四年	燕翅口	二四匹柴油引擎一、米斗二	一、〇〇〇	金抡元	六	一八	四、五〇〇
协泰机米厂	民国十七年	扫帚巷	二四匹柴油引擎一、米斗二	一、五〇〇	金钰功	五	一二	四、八〇〇
振兴机米厂	民国二十一年	上码头	八匹柴油引擎一、米斗一	一、〇〇〇	郭发科	六	一八	四、〇〇〇
兆昌机米厂	民国二十年	二码头	一二匹柴油引擎一、米斗一	二、〇〇〇	金秀松	八	八	三、八〇〇
协和机米厂	民国二十年	三码头	八匹柴油引擎一、米斗一	一、〇〇〇	裴幹臣	三	五	三、〇〇〇
丰余米厂	民国八年	汉西门城门口	一二匹柴油引擎一、米斗一	一、〇〇〇	谢静伯	—	六	八〇〇
庆和机器米厂	民国二十年	米行街	二四匹柴油引擎一、米斗二	五〇〇	施玉庭	—	一二	二、八〇〇
高荣昌碾米厂	民国九年	米行街	柴油引擎二，共四八匹，米斗二	四、〇〇〇	高治中	五	二一	三、〇〇〇

续表

厂别	成立年份	厂址	机械种类	资本数（元）	经理姓名	职员人数	工人人数	营业数（元）
楚豫机米厂	民国十九年	米行街	一六匹柴油引擎一、米斗二	二、〇〇〇	赵慕禹	一	九	二、〇〇〇
高锦元米厂	民国十一年	米行街	二〇匹柴油引擎一、米斗四	一、〇〇〇	高金泉	五	一六	三、六〇〇
福泰米厂	民国十七年	米行街	二〇匹柴油引擎一、米斗二	八〇〇	李达夫	一	一二	二、〇〇〇
永泰机米厂	民国四年	九龙桥	二四匹柴油引擎一、米斗二	二、〇〇〇	邱毓斋	一	八	四、〇〇〇
天福机器米厂	民国五年	惠民桥	八匹马达一、米斗一	二、〇〇〇	李少泉	四	五	四、八〇〇
合计				八四、二〇〇		二三四	五二五	一六三、八五〇

三、酒厂

南京酿酒作坊颇多，机制酒厂，惟济丰、华丰裕二厂，分设光华西街、九龙桥两处，共有资本七万五千元，工人五十五人。置柴油引擎、石磨、锅灶之属，专制汾酒、烧酒，销售京市。每年可制汾酒二千五百担，烧酒七百担，产值九万二千元。如左表：

厂别	成立年份	厂址	资本数（元）	经理姓名	职员人数	工人人数	产量（担）	营业数（元）
济丰酒厂	民国十年	光华西街	五〇、〇〇〇	高石铭	一二	三一	汾酒 一、五〇〇 烧酒 七〇〇	五二、〇〇〇
华丰裕酒厂	民国三年	五龙桥[①]	二五、〇〇〇	宋秉甫	一〇	二四	汾酒 一、〇〇〇	四〇、〇〇〇
合计			七五、〇〇〇		二二	五五	汾酒 二、五〇〇 烧酒 七〇〇	九二、〇〇〇

四、冰厂

南京机制冰厂，现仅鼓楼、九龙二厂，共计资本四万五千元。年可出冰八百六十吨，全年营业二万九千余元。此外尚有天然冰厂十二家，各家各辟大厂小厂，分别储藏。二十二年共藏天然冰十六万担，南京天然冰市价每担低为一元，高为一元六角，寒冬腊月亦有每担只售三四角者。平均以八角计算，又加上天然冰出厂融化消耗，每担以七成计算，则每年营业约值八万九千六百元，较之机制冰，超过约三倍以上。兹将机制冰厂及天然冰厂，分别列表于左：

① 上文作“九龙桥”。

机制冰厂营业概况表

厂别	成立年份	厂址	资本数（元）	经理姓名	职员人数	工人人数	产量（吨）	营业数（元）	备注
鼓楼机器冰厂	民国十七年	富厚岗	二〇、〇〇〇	应杨萃莲	三	二〇	五〇〇	一五、〇〇〇	发动机、制冰机，各备齐全
九龙机冰厂	民国二十一年	九龙桥	二五、〇〇〇	金宝三	四	二一	三六〇	一四、四〇〇	
合计			四五、〇〇〇		七	四一	八六〇	二九、四〇〇	

天然冰厂营业概况表

厂别	厂址	大厂		小厂	
		厂数	藏冰量（担）	厂数	藏冰量（担）
同永昌	下关宝带桥	一	四、〇〇〇	一	二、五〇〇
天然	下关南乡二板桥	三	一二、〇〇〇	一	二、五〇〇
天成昌	下关南乡应公庙	三	一二、〇〇〇	一	二、五〇〇
天兴源	下关南乡应公庙	三	一二、〇〇〇	二	二、五〇〇
天福兴	下关南乡应公庙	一	四、〇〇〇	|	|
福兴源	下关南乡应公庙	二	八、〇〇〇	二	五、〇〇〇
同复源	三洞碑	二	八、〇〇〇	一	二、五〇〇
同盛祥	三洞碑	二	八、〇〇〇	二	五、〇〇〇
万国天然	汉西门凤凰街	四	一六、〇〇〇	一	二、五〇〇
天顺昌	汉西门二道杆子	三	一二、〇〇〇	二	五、〇〇〇
天鑫昌	赛洪桥	三	一二、〇〇〇	一	二、五〇〇
天鑫祥	赛洪桥	二	八、〇〇〇	一	二、五〇〇
南门冰厂	南门	一	四、〇〇〇	一	二、五〇〇
合计		三〇	一二〇、〇〇〇	一六	四〇、〇〇〇

五、缎业

南京丝织手工业，始于明而盛于清，考其出品，可大别为四种：一曰缎，二曰云锦，三曰绒，四曰绸。云锦一名锦缎，实质亦为缎类之一种，特缎不起花，云锦则起花，故云锦又称为花缎。兹分述于次：

南京缎业，久负盛名，明时于南京、苏州、杭州三处，各置提督织造官，设厂监造。清承明制，称织造府。当时苏产曰罗缎，杭产曰花缎，京产曰元缎。昔人品评，谓罗缎、花缎，均不及元缎之质软坚润，因其仅织袍缎及制帛、诰敕、彩绘之类，以供御用及内庭颁赏之需，故称贡缎，通俗多称京缎，要皆专指无花元缎而言。道、咸而后，渐加改良，花样翻新，南京除贡缎外，又有所谓闪花摹本缎、天鹅绒缎、宁绸、宫绸之属，次第出现，此即缎业之极盛时期。其时织机达三万余台，依此为生者垂二十万人，每年产值皆在千万元以上。洪杨兵燹后，尚存织机万余台，男女工五万余人，每年仍可出缎二十余万疋，产值仍在千万元以上。民元以来，国体改革，用途减少，该业渐落。当欧战时，又曾兴盛一时，并曾有一度铁机改革之尝试，出品数量，虽无统计，然所用原料细丝、肥丝数量，约在五千五百包左右。每包重八十斤，每百两价银七十元，以此计算，则其营业尚在六七百万元左右。彼时工价低廉，故尚有利可图。民十以后，营业日益降落。推其原因，一因舶来品之侵销，始则鞋帽渐用呢绒，继则长衣马褂亦易缎而用毛葛直贡呢，国内市场被其侵夺。一因销场之缩减，考京缎国外销场，以高丽、安南、印度为大宗，自十三年始，日本陡增关税百分之百，安南亦因法科重税，均裹足不前。国内销场以东三省为最，约占全数之半，次为蒙古、新疆、西藏、川滇等省。

东三省又以九一八事变，受邮政封锁，关税加至百分之五十，大宗销路，尽告断绝。加之该业暗相竞争，粗制滥造，但期低价推销，不求货品精进。致使出品本身日劣，远不及呢绒、哔叽、洋缎之经久耐用，亦其失败之一大原因。迄至二十二年实业部调查时，统计二十一年概况，仅存缎号六十家，织机一千一百二十九台，织工三千三百八十七人，年产素缎不过一万七千五百疋，产值八十一万余元耳。以今比昔，曷胜兴替之感！市府当局现正亟力提倡京缎之改良，同时举办缎绒机户贷款，规定每机贷款标准为一百元，三机以上可贷二百元，四机以上可贷三百元，利息一分计算，曾由市府向银行借款十万元，储以待用。并令各区纠集贷款机户，组织改良缎绒会，以实行研究改良之方法，取缔粗制滥造，进行产销合作。事经半年，现在出品较之旧有出品，无其浮光而坚实耐用，价值亦较廉三分之一，购置踊跃，各机关人员亦多采用，倘能长此努力，或为复兴京缎之一途径，亦未可知。

缎为女络男织之纯粹家庭工业，并无厂家，仅有织户。每户备织机数架，代城内缎号制货。缎号为销售机关，机户为制造者。由缎号向机户接洽，代为织缎，每机立一牌号。例如魏广兴织锻，则此机即以魏广兴为牌号。有一家专织一号缎者，亦有一户代织数家缎号之牌名者。故南京缎业，非以厂或户为单位，而以机为单位。南京缎业二十三年上年情形，尚存缎号六十一家，约定代织本牌缎疋机数，增至一千一百四十六架，全年可织素缎二万八千疋，产值一百一十二万零一百九十元。较之二十一年，似觉稍有起色。惟资本极微，共仅六万四千七百元。多数须仰给于市府贷款，以资周转。各家资本、机数、产销概况如左表：

南京缎业营业概况表

牌号	地址	资本数（元）	工作机数（架）	产量（疋）	营业数（元）
魏广兴	高冈里	五、〇〇〇	四五	一、一二五	四五、〇〇〇
李久大	胭脂巷	五、〇〇〇	一三〇	三、二五〇	一三〇、〇〇〇
黄锦昌	小门口	五、〇〇〇	三五	八七五	三五、〇〇〇
张茂丰	磨盘巷	二、〇〇〇	三〇	八七五	三五、〇〇〇
贾宝丰	五间厅	三、〇〇〇	七〇	一、七五〇	七〇、〇〇〇
于朴记	大夫第	五〇〇	一六	四〇〇	一六、〇〇〇
中兴元柳记	绒庄巷	一、〇〇〇	二〇	五〇〇	二〇、〇〇〇
陈郁记	磨盘巷	五〇〇	六	一三七	五、五〇〇
陶裕昌	花露冈	五〇〇	二〇	五〇〇	二〇、〇〇〇
张祝记	小营	五〇〇	一〇	二五〇	一〇、〇〇〇
张林和	六度庵	四〇〇	二〇	五〇〇	二〇、〇〇〇
李东升	三铺两桥	三、〇〇〇	五〇	一、二五〇	五〇、〇〇〇
中兴源	鸽子桥	二、〇〇〇	一〇〇	二、五〇〇	一〇〇、〇〇〇
陶瑞泰	糖坊街	一、〇〇〇	二〇	五〇〇	二〇、〇〇〇
谈益记	谢公祠	四〇〇	五	一二五	五、〇〇〇
池德源	太平街	五〇〇	一五	五〇〇	二〇、〇〇〇
王昌记	六角井	一、〇〇〇	六	一五〇	六、〇〇〇
单益兴	陈家牌楼	五〇〇	三	七五	三、〇〇〇
翁瑶记	小胶巷	五〇〇	四	九九	三、九六〇
王本记	鸡斗闸	五〇〇	三	七五	三、〇〇〇
陈东记	鸣羊街	三〇〇	三	六二	二、五〇〇
徐恒昌	铁作坊	八〇〇	二〇	五〇〇	二〇、〇〇〇
张恒兴	高冈里	三、〇〇〇	二〇	五〇〇	二〇、〇〇〇
王振昌	四圣堂	四〇〇	一五	三七五	一五、〇〇〇

续表

牌号	地址	资本数（元）	工作机数（架）	产量（疋）	营业数（元）
臧锦源	九兴巷	四〇〇	五	一〇〇	四、〇〇〇
张余兴	谢公祠	五〇〇	五	一〇〇	四、〇〇〇
福源隆	鸣羊街	一、〇〇〇	一〇	二五〇	一〇、〇〇〇
李仁泰	边营	一、五〇〇	一〇	二五〇	一〇、〇〇〇
邓裕兴	三条营	五〇〇	一〇	二五二	一〇、〇八〇
田顺兴	小膺府	五〇〇	一二	二八〇	一一、二五〇
蔡天和	乱石堆	四〇〇	四	一一二	四、五〇〇
姚泰昌	仁义桥	五〇〇	五	一二五	五、〇〇〇
李聚源	小井巷	五〇〇	五	一二五	五、〇〇〇
翁炳记	陶家巷	五〇〇	四	一一二	四、〇〇〇
端礼泉	小船板巷	五〇〇	三	七五	三、〇〇〇
李祥如	九儿巷	五、〇〇〇	六五	一、六二五	六五、〇〇〇
徐裕丰	乱石堆	四〇〇	六	一四〇	五、六〇〇
王庆隆	小王府巷	五〇〇	二七	六七五	二七、〇〇〇
萧益源	积善里	五〇〇	四	一一二	四、〇〇〇
史鸿泰	信府巷	五〇〇	一五	三七五	一五、〇〇〇
王德源	马巷	一、〇〇〇	二〇	五〇〇	二〇、〇〇〇
杨子记	磊功坊	五〇〇	一〇	二五〇	一〇、〇〇〇
汪源昌	九兴巷	四〇〇	一五	三七五	一五、〇〇〇
徐振记	小府巷	五〇〇	一〇	二五〇	二〇、〇〇〇
成记	谢公祠	五〇〇	五	一二五	五、〇〇〇
苏瑞祥	钓鱼台	一、五〇〇	一五	三七五	一五、〇〇〇
周锦泰	五间厅	五〇〇	五	一二五	五、〇〇〇
姚乾泰	白衣庵	五〇〇	八	二〇〇	八、〇〇〇
徐聚锦	陡门桥	一、〇〇〇	一〇	二五〇	二〇、〇〇〇
尚恒昌	猫鱼市	四〇〇	八	二四五	九、八〇〇

续表

牌号	地址	资本数（元）	工作机数（架）	产量（疋）	营业数（元）
王庆丰	侍其巷	六〇〇	二七	六七五	二七、〇〇〇
周鼎昌	钓鱼台	五〇〇	一五	三七五	一五、〇〇〇
卢永源	中营	五〇〇	一三	三二五	一三、〇〇〇
吴悦泰	小王府巷	五〇〇	一四	三六二	一四、〇〇〇
朱鑫和	老虎头	五〇〇	四〇	一一二	四、〇〇〇
张广源	蒋家苑	一、〇〇〇	一七	四二五	一七、〇〇〇
瑞泰昌	梧桐树	一、〇〇〇	一五	三七五	一五、〇〇〇
王祥记	糖坊廊	三〇〇	一〇	二五〇	一〇、〇〇〇
徐乾昌	三铺两桥	五〇〇	一〇	二五〇	一〇、〇〇〇
尹启记	太平井	五〇〇	三	七五	三、〇〇〇
张荣泰	边营	一、〇〇〇	二〇	五〇〇	二〇、〇〇〇
合计		六四、七〇〇	一、一四六	二八、〇〇〇	一、一二〇、一九〇

素缎出品，名称繁多，各家各自为名，殊不一律。因其色黑，有元青锦库、元青翔素、元青敬素、元青彰库等名。普通多称大小礼缎、大小敬素、大库缎、吉品缎。兹将每疋普通原料、工资、价格，列表于左：

缎别	每疋长宽		经丝根数（根）	每疋重量（两）	每疋工资总数（元）	机户得数（元）	织工得数（元）	每疋价格（元）
	长度（丈）	宽度（尺）						
小礼缎	五·〇	二·四	一三、〇〇〇	七〇	一二·〇	七·二	四·〇	四〇—五五
大礼缎	五·〇	二·五	一五、〇〇〇	七五	一三·〇	七·八	五·二	四五—七〇
小敬素	四·四	四·七	一五、〇〇〇	七五	一〇·五	六·三	四·二	三五—五五
大敬素	四·五	三·二	一五、〇〇〇	八〇	一三·〇	七·八	五·二	四〇—八〇
大库缎	五·〇	三·六	二〇、〇〇〇	八五	一四·五	八·七	五·八	六〇——〇〇
吉品缎	五·一	四·二	二〇、〇〇〇	八五	一五·五	九·三	六·二	一〇〇元左右

【注】改良以后，价值云已减低三分之一。

织锻原料，为生丝、染料二种。生丝又分经丝、纬丝，经丝织面，需用细丝，采自浙属各地。纬丝织里，习用肥丝，取自本京附近苏属各县。染料采自川、湘、赣、皖及山东等省，均系国货。用料多寡，视缎业兴替而异其数量，历无定额。兹将各种原料来源列表于左：

经丝来源	纬丝来源	染料来源	备注
海宁丝	江宁改良丝	四川五培子	拧经系经厂
辑里丝	横溪丝	安徽槐米	工作织户均向经厂购买
硖石丝	谢村丝	湖南茶油	
新市丝	溧水改良丝	山东皂礬	
塘栖丝	句容改良丝	江西靛青	
王店丝	江北改良丝	清溪水	
桐乡丝	南通丝	东水关水 北铜管水	漂生丝用

制织京缎，每机需工三人，一织工，二通绞，三络丝。织工大都为本京及南乡人，因缎幅宽窄轻重不同，每日有织三四尺者，有织四五尺者。自南京定都，工资增高十分之四，每疋最高工价二十八元，最低六元，平均十二元。在资方感觉太高，在劳方每人每日仅合大洋一角或二角，仍觉生活不易维持。

销售缎疋，有直接设庄各埠，由缎号运销各庄者，谓之自己庄口。有间接由上海、苏州、汉口各埠分销于客帮，其交易手续，上海由庄客代宁方缎号接洽买主，如东三省营口各处，亦有庄客坐庄，向上海庄客定货，上海庄即嘱南京缎号发货成交。亦有就南京本地销各路客帮者,亦有通信往来寄货于各县者,情形不一。

六、云锦业

云锦一名锦缎,凡缎质而有花色者均属之。大别可分为摹本、元锦、织锦、妆花锦缎四种。历史较素缎犹长,宋时“宋锦”,即其鼻祖,限于专供御用。历代帝王用以作袍,明清尤盛行。皇族亲王亦用以制衣。辛亥革命,此项用途消灭,惟蒙古喇嘛、西藏活佛装饰庙堂、祭垫、神袍、伞盖、圆幕之用途如故。西人游华,多购归制作椅垫、琴条、台锦、手夹、皮包之用,现在亦多照式仿织。织户均系半工半商性质,一面织一面售。亦有家藏一二机,代人织锦,专取工资者。在前清时,工作全年不停。自民元至十五六年间,仅黄梅、三伏两季休息。现在每年自九月起连织四个月,成为有客定货即做,无生意即停工之现象。全业尚存一百零八家,计有资本二万四千五百十九元,织机四百四十九架。全年营业凡一十八万七千八百元。假定每疋平均计价二十元,则最近产额,年仅万疋。各家资本、机数、营业概况,如左表:

南京云锦业营业概况表

牌号	地址	资本数(元)	工作机数	营业数(元)
张象发	千章巷	三、〇〇〇	六〇	二〇、〇〇〇
祁德泰	慈悲社	四〇〇	八	二、四〇〇
施春记	游府西街	四〇〇	八	二、四〇〇
刘鸿奎	游府西街	四〇〇	八	二、四〇〇
何锦丰	张府园	四〇〇	八	三、六〇〇

续表

牌号	地址	资本数（元）	工作机数	营业数（元）
朱广兴	严家井	四〇〇	八	三、六〇〇
曹授农	鸡鹅巷	四〇〇	八	二、〇〇〇
吴槐记	锦绣坊	一、〇〇〇	二〇	五、〇〇〇
王荣泰	太平桥	三〇〇	六	三、六〇〇
耿长庆	转龙巷	三〇〇	六	二、四〇〇
翁炳记	转龙巷	三〇〇	六	四、〇〇〇
陆闻贤	志府桥	三〇〇	六	三、〇〇〇
杨春记	止马宫	三〇〇	六	一、六〇〇
黄春记	唱经楼	三〇〇	六	一、四〇〇
骆汉卿	铜坊苑	三〇〇	六	一、八〇〇
宋涌泉	三眼井	三〇〇	六	二、四〇〇
经传荣	金粟巷	二〇〇	四	一、五〇〇
甘时源	毛家苑	二〇〇	四	一、五〇〇
翁钧记	如意桥	二〇〇	四	二、四〇〇
张德元	骂驾桥	二〇〇	四	一、二〇〇
耿邦成	太平苑	二〇〇	四	二、四〇〇
史锦华	梁家巷	二〇〇	四	二、四〇〇
汪锦泰	王福街	二〇〇	四	三、六〇〇
章培芝	陈家牌坊	二〇〇	四	一、八〇〇
张俊浦	豆家园	二〇〇	四	二、四〇〇
孙锦章	豆菜桥	二〇〇	四	二、四〇〇
伍和记	虎踞关	二〇〇	四	二、四〇〇
刘洪金	瓦棺寺	二〇〇	四	二、四〇〇
陈明幹	五福街	二〇〇	四	二、四〇〇
萧学源	太平井	二〇〇	四	二、四〇〇
沈廷记	糖坊桥	二〇〇	四	二、四〇〇
姚景和	太平苑	二〇〇	四	二、四〇〇
童银记	双塘	二〇〇	四	三、六〇〇
杨士奇	骂驾桥	二〇〇	四	一、二〇〇
陶德泰	佟所巷	二〇〇	四	二、四〇〇

续表

牌号	地址	资本数（元）	工作机数	营业数（元）
杜永兴	崔八巷	二〇〇	四	一、八〇〇
赵永兴	莲家桥	二〇〇	四	二、二〇〇
卓永兴	和平门	二〇〇	四	一、二〇〇
祈德泰	陆家巷	二〇〇	四	一、二〇〇
高锦昌	铜银巷	二〇〇	四	一、二〇〇
郑惠福	沈举人巷	二〇〇	四	一、二〇〇
朱乾泰	韩家巷	二〇〇	四	二、四〇〇
郑广记	鸡鹅巷	二〇〇	四	一、二〇〇
胡亿隆	金粟巷	一五〇	三	二、〇〇〇
戴永丰	张府园	一五〇	三	二、〇〇〇
何家华	五福街	一五〇	三	一、八〇〇
张昌林	太平苑	一五〇	三	一、八〇〇
贾锦森	糖坊巷	一五〇	三	一、八〇〇
高炳记	丹凤街	一五〇	三	一、八〇〇
陈庆余	毛家苑	一二〇	三	一、八〇〇
阎保洪	井家苑	一五〇	三	一、二〇〇
汪炳记	转龙巷	一五〇	三	一、八〇〇
徐发财	凤游寺	一五〇	三	一、〇〇〇
周同兴	佟所巷	一五〇	三	一、〇〇〇
郑兴泰	琅子巷	一二〇	三	一、二〇〇
戴子林	杏花村	一五〇	三	一、八〇〇
李炳记	柏家苑	一五〇	三	一、八〇〇
葛永泰	居安里	一八〇	三	一、〇〇〇
朱乾泰	转龙巷	一五〇	三	二、四〇〇
周成高	小沙井	一四〇	三	一、〇〇〇
邹明亮	太平里	一二〇	三	一、八〇〇
包德才	五福街	一二〇	三	一、二〇〇
杨涌兴	八间房	一二〇	三	一、〇〇〇
丁宝庆	撮箕巷	一二〇	三	一、八〇〇
顾长记	虹庙	一二〇	三	一、二〇〇

续表

牌号	地址	资本数（元）	工作机数	营业数（元）
王炳南	沈举人巷	一二〇	三	一、二〇〇
沈荣森	毛家巷	一〇〇	二	一、二〇〇
谭炳鑫	石榴园	一〇〇	二	六〇〇
王永兴	十家街	一〇〇	二	一、二〇〇
王开智	太平桥	一〇〇	二	六〇〇
萧福海	瓦棺寺	一〇〇	二	六〇〇
俞元富	凤游寺	一〇〇	二	六〇〇
申锦源	高家苑	一〇〇	二	六〇〇
骆纪隆	玉振街	一〇〇	二	六〇〇
陈钰泰	廊后街	一〇〇	二	六〇〇
柳荣泰	东门桥	一〇〇	二	五〇〇
王振坤	沈举人巷	一〇〇	二	六〇〇
徐宗彬	金粟巷	一〇〇	二	二、四〇〇
成启华	太平苑	一、〇〇〇	二	一、二〇〇
毕永泰	游府西门	一〇〇	二	五〇〇
耿邦仁	井家苑	一〇〇	二	一、八〇〇
周家镕	斗鸡街	一〇〇	二	六〇〇
王启荣	转龙巷	一〇〇	二	八〇〇
徐德银	凤游寺	一〇〇	二	五〇〇
张炳记	九天祠	一〇〇	二	六〇〇
黄朝先	柏家苑	一〇〇	二	六〇〇
陈宝庆	糖坊廊	一〇〇	二	六〇〇
张发兴	三条宫	一、〇〇九	二	一、二〇〇
凌永记	井家苑	一、〇〇〇	二	一〇〇
陈义泰	皇册库	一〇〇	二	一、二〇〇
闰保山	来凤街	一〇〇	二	六〇〇
李德源	老府桥	一〇〇	二	一、八〇〇
夏保兴	磨乃巷	一〇〇	二	一、八〇〇
刘正兴	九天祠	一〇〇	二	一、二〇〇
马春记	毛家苑	一〇〇	二	一、二〇〇

续表

牌号	地址	资本数（元）	工作机数	营业数（元）
汪祥义	十间房	一〇〇	二	六〇〇
张福兴	豆腐巷	一〇〇	二	一〇〇
王钰泰	转龙巷	一〇〇	二	六〇〇
徐万有	转龙巷	一〇〇	二	六〇〇
沈荣贵	五福街	五〇	一	六〇〇
许明泉	小沙井	一〇〇	二	五〇〇
蒋芝富	小府巷	六〇	二	一、〇〇〇
俞其云	磨乃巷	五〇	一	一、二〇〇
袁匡发	金粟巷	五〇	一	六〇〇
顾洪兴	虹庙	六〇	二	六〇〇
冯裕隆	毛家苑	五〇	一	六〇〇
涂正兴	虹庙	六〇	二	六〇〇
王振泰	肚带营	六〇〇	二	六〇〇
合计		二四、五一九	四四九	一八七、八〇〇

织锦手续，与素缎大同小异，原料来源、职工生活及销售方法，亦大略相同。至于出品价格，除定织货件面议外，普通情形如左表：

锦别	每尺起码价	销路	销售价值（元）	备注
摹本	数角至一元	东北、华北及各埠	一八、七八〇	销售价值系就各种云锦言，非专指某种而言
元锦	一元三角	东北、华北及各埠	三七、五六〇	
织锦	一元零	欧美	五六、三四〇	
妆花	四元	蒙古、西藏	七五、一二〇	

七、绒业

南京绒业,能出漳绒、建绒、彩绒三种。漳绒即天鹅绒,相传于今六十年前,由福建漳州传入,故名漳绒,旋成为本地特产,多制马褂坎肩。建绒亦由福建仿织,以南京古名建业,故称建绒,元色无花,专制妇女帽勒。彩绒为加金银挑花织品,多用作桌毡、地毡及陈设品,为魏正丰晚近所发明。该号原为织漳缎专号,缎名亦源自漳州,在清末时,男褂女袄,风行一时,近以漳缎衰微达于极点,乃增织彩绒,独树一帜。

漳绒

民国十七年初成立公会时,南京尚有漳绒织户九十二家,织机一百九十五架。现存织户仅四家,内周广钰一家尚兼织建绒。织机十五架,全年产量一百八十件,产值二千七百五十元耳。制法用木机抛梭四次,须用长管加细铁丝一条,俟全件织成,将绒两端系绒绷之上,始按制花法将铁丝凸处用刀割断,用铁钳次第将铁丝取出。每年春秋两季,工作三个月,每机每三个月可织马褂料十二件,每件长八尺五六寸,宽一尺八寸。

建绒

民国十七年间,南京尚有建绒织户一百六十七家,织机三百二十九架。二十一年尚存八十余家。今则仅存五十八家,工作机百架,年产建绒五百疋,产值一万三千元耳。织用木机,每抛三梭,须加竹丝一条,加第二根竹丝时,就第一根竹丝之凸处用刀割断其丝,以后随抛随割,迨其织制面积稍长,并须用小棍磨擦绒里，隐伏背面，故织成最慢。中上等技，每人每月只能织二疋。每疋长二丈，宽一尺八寸。每年自九月起，亦只工作三个月。

彩绒及漳缎

仅魏正丰一家，计资本五百元，工作机四架。漳缎为缎底绒花织品，专作衣料，宽一尺八寸，长短无定，视定货雇主之有无，为停织之标准。近以销路断绝，改织彩绒，每日每机约可织绒八寸，须三人同时工作，一人坐机上端，一坐机侧，一司机，同时用铁丝纬入，长二寸后，再用利刀将铁丝凸处割断，即成堆花绒色。技颇精巧，偶一不慎，即全部损坏，年产凡八十四丈，产值三千一百二十元。销行西藏及外洋，欧美人颇好之。苟能改良精进，专作毡毯及沙发椅心一类之用，营业亦未始不可扩大。兹将绒业各家概况汇列一表如左：

南京绒业营业概况表

织户	地址	工作机数	品名	产量（件）	产值（元）	备注
朱永明	曹都巷	六	漳绒	七二	一、一〇〇	
陈金鉴	大丰富巷	三	漳绒	三六	五五〇	
张承权	天主堂	三	漳绒	三六	五五〇	
周广钰	三茅宫	五	漳绒 建绒	三六 一〇疋	八一〇	漳绒产值五五〇元，建绒产值二六〇元
许松茂	大丰富巷	二	建绒	一〇	二六〇	
胡锦祥	三茅宫	一	建绒	五	一三〇	
季广生	仙鹤街	一	建绒	五	一三〇	
马义松	老朱桥	二	建绒	一〇	二六〇	
戴长林	明瓦廊	一	建绒	五	一三〇	

续表

织户	地址	工作机数	品名	产量（件）	产值（元）	备注
金盛兴	汉西门石桥	一	建绒	五	一三〇	
毛维镛	陆家巷	二	建绒	一〇	二六〇	
杜长海	明瓦廊	二	建绒	一〇	二六〇	
陈贵生	陆家巷	一	建绒	五	一三〇	
严士富	天主堂	二	建绒	一〇	二六〇	
严家贵	三元巷	二	建绒	一〇	二六〇	
薛德金	老坊巷	一	建绒	五	一三〇	
吕起源	天主堂	二	建绒	一〇	二六〇	
夏秀清	崔八巷	一	建绒	五	一三〇	
宋聚贵	王府巷	二	建绒	一〇	二六〇	
宋建寅	船板巷	一	建绒	五	一三〇	
徐福源	老虎桥	一	建绒	五	一三〇	
薛宝桂	新街口	一	建绒	五	一三〇	
吕兆炳	南台巷	六	建绒	三〇	七八〇	
周兆祥	易家桥	一	建绒	五	一三〇	
张炳兴	天主堂	一	建绒	五	一三〇	
夏松兴	三茅宫	一	建绒	五	一三〇	
翁朝发	炘炘园	二	建绒	一〇	二六〇	
吕园富	天主堂	二	建绒	一〇	二六〇	
金松盛	明瓦廊	二	建绒	一〇	二六〇	
谢国治	天主堂	二	建绒	一〇	二六〇	
杜金秋	明瓦廊	四	建绒	二〇	五二〇	
程德炳	明瓦廊	三	建绒	一五	三九〇	
金松泉	明瓦廊	三	建绒	一五	三九〇	
陈先芝	小丰富巷	二	建绒	一〇	二六〇	
邢顺保	天主堂	二	建绒	一〇	二六〇	

续表

织户	地址	工作机数	品名	产量（件）	产值（元）	备注
夏信贵	明瓦廊	一	建绒	五	一三〇	
王长源	双石鼓	三	建绒	一五	三九〇	
倪昌林	土街口	一	建绒	五	一三〇	
龙如棠	卢妃巷	四	建绒	二〇	五二〇	
张吉良	天主堂	三	建绒	一五	三九〇	
陈子坤	崇思街	一	建绒	五	一三〇	
井陞煜	水石桥	一	建绒	五	一三〇	
王长兴	双石鼓	二	建绒	一〇	二六〇	
萧正华	陆家巷	一	建绒	五	一三〇	
万大顺	明瓦廊	一	建绒	五	一三〇	
王福兴	易家桥	三	建绒	一五	三九〇	
李锡祥	三茅宫	一	建绒	五	一三〇	
王荣茂	左所巷	二	建绒	一〇	二六〇	
应永兴	慈悲社	二	建绒	一〇	二六〇	
陈永兴	三道高井	一	建绒	五	一三〇	
严士龙	三茅宫	二	建绒	一〇	二六〇	
周春源	大香炉	一	建绒	五	一三〇	
夏松炘	三茅宫	一	建绒	五	一三〇	
王宝记	畲子巷	一	建绒	五	一三〇	
王永金	双石鼓	一	建绒	五	一三〇	
袁捷记	天主堂	一	建绒	五	一三〇	
倪昌荣	管家桥	一	建绒	五	一三〇	
孙如松	三茅宫	一	建绒	五	一三〇	
王祥记	丰富巷	一	建绒	五	一三〇	
吴永和	张府园	一	建绒	五	一三〇	
翁辅庭	天主堂	二	建绒	一〇	二六〇	

续表

织户	地址	工作机数	品名	产量（件）	产值（元）	备注
朱锦记	丰富巷	一	建绒	五	一三〇	
魏正丰	虹庙	四	漳缎 彩绒	六〇丈 二四	三，一二〇	漳缎产值 一、二〇〇元 彩绒产值 一、九二〇元
合计	六三家	一一九		一八〇件 五〇〇疋 八四丈	一八，八七〇	

八、绸厂

立成绸厂，改组于民国十八年间。厂设船板巷，资本一万六千元，经理陈光翰，设有职员六人，男女工人共一百十七人。男工工资月计四元至六元，女工工资一元至二元。每日工时八小时。机械设备，置有木机四十三架，约值二千一百五十元。原料年需天然蚕丝八万两，灰丝二万两，绢丝八万两。每年可出榨绸四百疋，绢绸二千四百疋，销行印度孟买、南洋一带，营业年达八万二千元。出品为一种灰白色或映白色之丝织品，专作夏季衣服材料，与山东府绸极相类似。该厂今年（二十三年）专职榨绸，不织绢绸矣。每机每月出绸四疋。

宁绸盛行时，南京织户约一万余家，今除立成绸厂外，仅楚德泰、宋永源、丁子余三家，各备织机一具，年出宁绸不过三十疋，以今比昔，可胜慨然！

九、布厂

南京疋头，多由上海、南通、无锡输入。本地自织者，仅有公正、源成、冯晋记三厂，年出各种厂布，不过八千余疋。且货色粗劣，市面不甚畅销。全年营业不过二万七千元。如左表：

厂别	厂址	资本数（元）	木机架数	职员人数	工人人数	产量（疋）	营业数（元）
公正织布工厂	黑簪巷	一、五〇〇	二〇	四	二九	三、〇〇〇	一〇、〇〇〇
源盛布厂	水西门	二、五〇〇	二〇	五	三〇	三、〇〇〇	一〇、〇〇〇
冯晋记布厂	木料市	一、五〇〇	一五	三	二〇	二、二五〇	七、〇〇〇
合计		五五、〇〇〇	五五	一二	七九	八、二五〇	二七、〇〇〇

此外各厂布庄，大都自设工厂，雇工织布。原料、织机均由厂方供给，工资按月计算。亦有放料办法，厂方仅供原料，织机由工人自备者，工资按疋计算。本京汉西门一带织布散户颇多，每户约有织机三四张，织成送厂布庄兜销，故本京布疋来源，尚有自织、放料、收买散户三种。

一〇、毛巾厂

仅有合记湖南旅京民生工厂一所，成立于民国二十年，厂设钓鱼台，资本七百元。经理刘亦儒，工人十四名，工资日计四角，置有木机八架，年产大小毛巾约三千打，计值四千元。

一一、砖瓦瓦筒厂

南京砖瓦瓦筒业，初仅谈海、征业二厂。自国都建定，建筑频繁，于是应运新兴者，有大兴、新建、新利源、协义记、通华、宏业六厂。其中以宏业为最大，谈海、新建次之。宏业有发电机一座，柴油引擎发动机一座，粗轧机、细轧机各二部，制砖机二部，制瓦机一部，人工制瓦机二部，传动器和泥机一部，切砖坯机二部，压气机、抽水机各一部。其余各厂均用铁质、木质模型，谈海有生铁模型二千五百件，木壳及泥土模型一千五百件。新利源有木模百件，铁模十件。大兴有铁模一百九十五件，木模三百件。征业有瓦筒模三十件，瓦片模二千件。新建、通华均用木模，新建并有砖瓦窑四座。共计资本三十二万余元，职员六十一人，工人三百一十七人。工资月计最高四十元，低六元，每日工作时间，上半年十小时，下半年八小时。全年可出砖一千一百万块，瓦四百一十一万片，瓦筒一十四万七千个，浴盆百只，面盆、便桶、尿斗共百只，总计产值凡五十一万三千七百六十元。出品悉销京市，尚觉供不应求，故其营业适与产值相等。如左表：

厂别	成立年月	厂址	资本数（元）	经理姓名	职员人数	工人人数	产量	产值（元）	营业数（元）
宏业砖瓦厂	民国二十二年	和平门外小洪山	二〇〇、〇〇〇	虞汀舫	一二	二〇〇	砖 一一、〇〇万块 瓦 一〇〇万片	二九二、〇〇〇	二九二、〇〇〇
谈海营造厂瓦筒部	民国元年	鼓楼北	五〇、〇〇〇	朱维三	九	四四	瓦筒 二五、〇〇〇个 浴盆 一〇〇只 面盆、便桶、尿斗 一〇〇只， 瓦 五〇、〇〇〇片	一一〇、〇〇〇	一一〇、〇〇〇
新利源洋瓦厂	民国二十一年	楼子巷	三〇、〇〇〇	姚克钧	七	一二	瓦 五〇、〇〇〇片 瓦筒 一〇〇、〇〇〇个	一八、〇〇〇	一八、〇〇〇
协义记水泥磁器瓦筒厂	民国二十一年	九龙桥	一〇、〇〇〇	黄克廉		六		一五、〇〇〇	一五、〇〇〇
征业机器洋瓦厂	民国十年	沈举人巷	三、〇〇〇	朱芝萱		五	瓦 一〇〇、〇〇〇片 瓦筒 一〇、〇〇〇个	一六、〇〇〇	一六、〇〇〇
新建砖瓦厂	民国二十年	和平门外	二〇、〇〇〇	李仲华	三〇	四〇	瓦 二、八八〇、〇〇〇片	四八、九六〇	四八、九六〇
大兴洋灰砖瓦厂	民国十九年	中山路	一、〇〇〇	王锡章		七	瓦三〇、〇〇〇片	一、八〇〇	一、八〇〇
通华洋灰砖瓦厂	民国二十一年	七里街	一〇、〇〇〇	顾金寿	三	三	瓦筒 一二、〇〇〇个	一二、〇〇〇	一二、〇〇〇
合计			三二四、〇〇〇		六一	三一七		五一三、七六〇	五一三、七六〇

一二、营造厂

南京自十六年以来，修筑官署、营房及马路两旁房屋，迄未间断，故营造厂亦特别发达。全市计共四百八十家，为京市工厂家数之最多者。该业登记，按照资本大小，分为甲、乙、丙、丁四等，资本在五万元以上者为甲等，万元以上者为乙等，二千元以上者为丙等，二百元以上者为丁等，内计甲等六十三家，乙等七十九家，丙等一百八十六家，丁等一百五十二家，按照登记资额，应为四百三十四万二千四百元，然实际犹不止此数。二十二年营业，据市府工务局统计，凡四百八十八万五千零九十元，统计之如左表，各家牌号、地址、等级、资金，更附一览表于后：

南京市营造厂统计表

等别	标准资额（元）	家数	资本数（元）	营业数（元）
甲等	五〇、〇〇〇	六三	三、一五〇、〇〇〇	
乙等	一〇、〇〇〇	七九	七九〇、〇〇〇	
丙等	二、〇〇〇	一八六	三七二、〇〇〇	
丁等	二〇〇	一五二	三〇、四〇〇	
合计		四八〇	四、三四二、四〇〇	四、八八五、〇九〇

南京市营造厂一览表（据市政府二十三年一月登记制）

牌号	经理姓名	登记等级	资本数（元）	地址	备注
复兴建筑公司	曹锡亭	甲	五〇、〇〇〇	三条巷	
建业营造厂	周敬熙	甲	五〇、〇〇〇	黄埔路	

续表

牌号	经理姓名	登记等级	资本数（元）	地址	备注
瑞记建筑公司	钱青选	甲	五〇、〇〇〇	胪政牌楼	
新金记康号营造厂	康金宝	甲	五〇、〇〇〇	新街口忠林坊	
时利和营造厂	殷冠三	甲	五〇、〇〇〇	堂子巷	
锐声建筑厂	陈兆昌	甲	五〇、〇〇〇	上海小沙渡路	厂在上海
朱宝记营造厂	朱宝庚	甲	五〇、〇〇〇	石坝街	
复兴新营造厂	方久香	甲	五〇、〇〇〇	上海赫德路	厂在上海
陈明记营造厂	陈烈明	甲	五〇、〇〇〇	四根杆子	
缪宏记营造厂	缪金声	甲	五〇、〇〇〇	石鼓路	
顺记公司	沈士明	甲	五〇、〇〇〇	成贤街	
中南建筑公司	徐芝田	甲	五〇、〇〇〇	太平路	
美华营造厂	王继美	甲	五〇、〇〇〇	估衣廊	
海丰营造厂	陈乾生	甲	五〇、〇〇〇	中央党部后面	
大昌建筑公司	施嘉幹	甲	五〇、〇〇〇	上海宁波路	厂在上海
仁泰营造厂	蒋明春	甲	五〇、〇〇〇	中山路	
华中公司	高鉴	甲	五〇、〇〇〇	下关宝塔桥	
同济公司	蔡君锡	甲	五〇、〇〇〇	五台山豆菜桥	
裕庆公司	陶小泉	甲	五〇、〇〇〇	焦状元巷	
谈海营造厂	朱维山	甲	五〇、〇〇〇	鼓楼北坡	
王荣记	王起发	甲	五〇、〇〇〇	新街口	
管万兴	管昌钧	甲	五〇、〇〇〇	石板桥	
福盛记	史致眷	甲	五〇、〇〇〇	下关永宁街	
恒泰建筑公司	姜本恭	甲	五〇、〇〇〇	中山路	

续表

牌号	经理姓名	登记等级	资本数（元）	地址	备注
恒隆营造厂	虞荃九	甲	五〇、〇〇〇	邀贵井	
新利源	姚克钧	甲	五〇、〇〇〇	三牌楼楼子巷	
张福记营造厂	张清山	甲	五〇、〇〇〇	太平巷	
永泰营造厂	冯永泰	甲	五〇、〇〇〇	新街口	
缪顺兴	缪春森	甲	五〇、〇〇〇	糖坊桥	
赵顺记	赵文瑞	甲	五〇、〇〇〇	东关头	
建华营造公司	黄仲昆	甲	五〇、〇〇〇	招商旅馆	
利源公司	姚雨耕	甲	五〇、〇〇〇	黄家塘	
蔡汉兴营造厂	蔡汉兴	甲	五〇、〇〇〇	下关龙江桥	
常顺新营造厂	常栋成	甲	五〇、〇〇〇	白衣庵巷	
徐盛泰营造厂	徐海周	甲	五〇、〇〇〇	下关商埠街	
六合贸易公司	李祖贤	甲	五〇、〇〇〇	紫金坊	
新亭营造厂	徐巨亭	甲	五〇、〇〇〇	上海爱多亚路	厂在上海
志康营造厂	蔡志康	甲	五〇、〇〇〇	铁管巷	
通华营造厂	洪澄	甲	五〇、〇〇〇	通济门外	
江裕记	江长庚	甲	五〇、〇〇〇	二条巷	
大兴营造厂	范儁	甲	五〇、〇〇〇	太平路建德里	
商记营造厂	胡维垣	甲	五〇、〇〇〇	大行宫	
中兴营造公司	詹天锡	甲	五〇、〇〇〇	天主堂街	
周顺记营造厂	周松山	甲	五〇、〇〇〇	老王府	
荣华营造厂	邵吉安	甲	五〇、〇〇〇	鼓楼北中山路	
馥记营造厂	陶桂林	甲	五〇、〇〇〇	上海四川路	厂在上海

续表

牌号	经理姓名	登记等级	资本数（元）	地址	备注
华成营造厂	赵子勉	甲	五〇、〇〇〇	白下路	吊销执照半年，自廿二年十月十三日起
应美记营造厂	应林财	甲	五〇、〇〇〇	沈举人巷	
辛峰记营造厂	辛企峰	甲	五〇、〇〇〇	铁道部对面	
竺达记营造厂	竺达甫	甲	五〇、〇〇〇	淮海路	
裕信宏记	张桂联	甲	五〇、〇〇〇	蔡家花园	
陈永兴营造厂	陈建霞	甲	五〇、〇〇〇	洪武路	
朱兴记营造厂	朱国发	甲	五〇、〇〇〇	铁管巷	
裕庆鸿记	钱云青	甲	五〇、〇〇〇	白下路	
建康营造厂	朱竹山	甲	五〇、〇〇〇	四条巷	
张裕泰合记	黄自强	甲	五〇、〇〇〇	上海北京路	厂在上海
大中益记	乐均则	甲	五〇、〇〇〇	太平路	
南华建筑公司	濮君田	甲	五〇、〇〇〇	剪子巷	
钱梅记	钱文英	甲	五〇、〇〇〇	武学园	
新中公司	王光钊	甲	五〇、〇〇〇	张府园	
建隆公司	刘省三	甲	五〇、〇〇〇	四条巷	
华基公司	王竞群	甲	五〇、〇〇〇	朱雀路	
钟山营造厂	徐宗尧	甲	五〇、〇〇〇	太平路	
林永记	林其发	乙	一〇、〇〇〇	估衣廊	
冯顺记营造厂	冯育海	乙	一〇、〇〇〇	青石街	
上元实业公司	雷照荣	乙	一〇、〇〇〇	丹凤街	
黄栋记	黄栋臣	乙	一〇、〇〇〇	如意里	

续表

牌号	经理姓名	登记等级	资本数（元）	地址	备注
复华营造厂	吴宗政	乙	一〇、〇〇〇	柳叶街	
永丰营造厂	吴广芝	乙	一〇、〇〇〇	浦口大马路	
庆记营造厂	沈士庆	乙	一〇、〇〇〇	蓁巷	
陶鑫记	陶正松	乙	一〇、〇〇〇	洪公祠	
通济营造厂	马忠松	乙	一〇、〇〇〇	糖坊桥	
袁锦记	袁锦顺	乙	一〇、〇〇〇	贡院街	
亚光公司	王亚东	乙	一〇、〇〇〇	三条巷	
宋福鑫	朱太昌	乙	一〇、〇〇〇	奇望街	
马恒记	马义和	乙	一〇、〇〇〇	不详	
王源兴	王兴福	乙	一〇、〇〇〇	张府园	
郑宏记	郑景林	乙	一〇、〇〇〇	老虎桥	
孙永兴	孙宗义	乙	一〇、〇〇〇	游府西门	
裕成营造厂	李雪樵	乙	一〇、〇〇〇	老虎桥	
邬瑞记	邬少亭	乙	一〇、〇〇〇	头条巷	
孙翔记	孙翔凤	乙	一〇、〇〇〇	益仁巷	
李春记	李春谋	乙	一〇、〇〇〇	宝塔桥	
民钟建筑厂	徐民钟	乙	一〇、〇〇〇	蓁巷	
新祥记	吴嘉祥	乙	一〇、〇〇〇	石鼓路	
王才记	王春庭	乙	一〇、〇〇〇	蔡家花园	
沈文记	沈文魁	乙	一〇、〇〇〇	珍珠桥	
张兴记	张兴和	乙	一〇、〇〇〇	三道高井	
林祥记	林宝象	乙	一〇、〇〇〇	申家巷	

续表

牌号	经理姓名	登记等级	资本数（元）	地址	备注
常元兴	常兴旺	乙	一〇、〇〇〇	大方巷	
正兴隆	文楚章	乙	一〇、〇〇〇	糖坊桥	
谢顺新营造厂	谢和森	乙	一〇、〇〇〇	珠宝廊	
吴万顺瓦木作	吴长兴	乙	一〇、〇〇〇	下关美孚街	
姜顺记	姜长财	乙	一〇、〇〇〇	廊后街	
程顺记	程家祥	乙	一〇、〇〇〇	龙子巷	
大中华建筑公司	朱大华	乙	一〇、〇〇〇	猫鱼市	
益泰营造厂	程公和	乙	一〇、〇〇〇	金陵闸	
恒记营造厂	黄进云	乙	一〇、〇〇〇	糖坊桥	
叶胜记	叶桂元	乙	一〇、〇〇〇	黄泥岗	
张顺记	张日恺	乙	一〇、〇〇〇	鸡鹅巷	
森森公司	唐文卿	乙	一〇、〇〇〇	户部街口	
王润记	王润芝	乙	一〇、〇〇〇	绒庄街	
黄生记	黄进卿	乙	一〇、〇〇〇	中华门	
王兆隆	王维堂	乙	一〇、〇〇〇	颜料坊	
蔡炳记	蔡维福	乙	一〇、〇〇〇	柳叶街	
杨茂记	杨锦云	乙	一〇、〇〇〇	管家桥	
姬久记	姬学九	乙	一〇、〇〇〇	下关姜家苑	
吕高记	吕启高	乙	一〇、〇〇〇	新街口	
华北营造厂	刘云汉	乙	一〇、〇〇〇	白下路	
森记建筑公司	张墨清	乙	一〇、〇〇〇	马道街	
广大公司	黄奇	乙	一〇、〇〇〇	大石桥	

续表

牌号	经理姓名	登记等级	资本数（元）	地址	备注
孙和祥	孙和祥	乙	一〇、〇〇〇	铁管巷	
夏正记	夏正歧	乙	一〇、〇〇〇	平安里	
聂德记	聂汉波	乙	一〇、〇〇〇	许家巷	
费友记	费广文	乙	一〇、〇〇〇	明瓦廊	
新华建筑公司	卞斐园	乙	一〇、〇〇〇	胡家菜园	
邱顺记	邱景全	乙	一〇、〇〇〇	双糖巷	
朱炳记	朱玉祥	乙	一〇、〇〇〇	蒋家苑	
建业营造厂	周敬熙	乙	一〇、〇〇〇	黄埔路	
夏永盛	夏炳臣	乙	一〇、〇〇〇	羊市桥	
郑永记	郑寿康	乙	一〇、〇〇〇	公共路	
张卿记	张少卿	乙	一〇、〇〇〇	香铺营	
福兴记	褚长福	乙	一〇、〇〇〇	畚子巷	
刘明记	刘清山	乙	一〇、〇〇〇	鸡鹅巷	
荣记营造厂	张宗铎	乙	一〇、〇〇〇	广艺街	
胡星记	胡星才	乙	一〇、〇〇〇	建邺路	
金成营造厂	方秉钧	乙	一〇、〇〇〇	洪武路	
协丰建筑公司	乔文德	乙	一〇、〇〇〇	蓁巷	
汪炳记	汪维炳	乙	一〇、〇〇〇	马路街	
陶荣昌	陶正乐	乙	一〇、〇〇〇	糖坊桥	
汪德记	汪清山	乙	一〇、〇〇〇	管家桥	
邓兴隆	邓忠祥	乙	一〇、〇〇〇	铁作坊	
李金记	李阿林	乙	一〇、〇〇〇	估衣廊	

续表

牌号	经理姓名	登记等级	资本数（元）	地址	备注
樊和生	樊和生	乙	一〇、〇〇〇	明瓦廊	
利华营造厂	徐咏良	乙	一〇、〇〇〇	大石坝街	
王麟记	王宝林	乙	一〇、〇〇〇	焦状元巷	
福星营造厂	吴大廷	乙	一〇、〇〇〇	建康路	
李森记	李森祥	乙	一〇、〇〇〇	丰富路	
严永记	严登清	乙	一〇、〇〇〇	大香炉	
品光营造厂	林德寿	乙	一〇、〇〇〇	裴家桥	
李森和	李永成	乙	一〇、〇〇〇	尖角营	
振华营造厂	王志毅	乙	一〇、〇〇〇	铁汤池	
陈彬记	陈孝彬	丙	二、〇〇〇	珍珠桥	
陈德记	陈贵德	丙	二、〇〇〇	瓦匠巷	
田钰兴	田钰兴	丙	二、〇〇〇	国府东路	
新记营造厂	王鑫发	丙	二、〇〇〇	糖坊桥	
倪有志记	倪志仁	丙	二、〇〇〇	东牌楼	
陆文记	陆文彬	丙	二、〇〇〇	御道街	
姜协记	姜明魁	丙	二、〇〇〇	下关朝月楼	
王耀明	王耀明	丙	二、〇〇〇	武学园	
吕高记	吕启高	丙	二、〇〇〇	汉府街	
潘春记	潘守林	丙	二、〇〇〇	邓府巷	
郑有兴	郑元兴	丙	二、〇〇〇	钓鱼台	
陈鑫记	陈立庭	丙	二、〇〇〇	新菜市	
印荣泰	印兴财	丙	二、〇〇〇	下关施家巷	

续表

牌号	经理姓名	登记等级	资本数（元）	地址	备注
顺兴记	吴廷富	丙	二、〇〇〇	下关升安里	
汪福记	汪歧山	丙	二、〇〇〇	裘家湾	
王应记	王光应	丙	二、〇〇〇	鸡鹅巷	
景春记	景德龙	丙	二、〇〇〇	慧圆街	
谢兆记	谢兆正	丙	二、〇〇〇	琵琶街	
夏祥兴	夏迎祥	丙	二、〇〇〇	三条巷	
王福记	王正洪	丙	二、〇〇〇	裘家巷	
魏义兴	魏文彬	丙	二、〇〇〇	珠宝廊	
许新记	许新才	丙	二、〇〇〇	瓦匠巷	
葛庆记	葛勤宽	丙	二、〇〇〇	香铺营	
伍兴祥	伍光荣	丙	二、〇〇〇	新菜市	
宇顺记	宇荣州	丙	二、〇〇〇	一枝园	
孔福记	孙庆福	丙	二、〇〇〇	地藏庵	
黄秀记	黄秀山	丙	二、〇〇〇	焦状元巷	
李隆兴	李隆兴	丙	二、〇〇〇	羊市桥	
徐金记	徐金文	丙	二、〇〇〇	下关虹霁桥	
王顺记	王培森	丙	二、〇〇〇	童家巷	
程发记	程金文	丙	二、〇〇〇	陆家里	
张兴记	张兴隆	丙	二、〇〇〇	小府巷	
吕广记	吕广隆	丙	二、〇〇〇	大纱帽巷	
任顺记	任顺记	丙	二、〇〇〇	地藏庵	
朱春记	朱世春	丙	二、〇〇〇	李家苑	

续表

牌号	经理姓名	登记等级	资本数（元）	地址	备注
何聚兴	何玉尧	丙	二、〇〇〇	柳叶街	
韩顺记	韩永明	丙	二、〇〇〇	大王府巷	
易长记	易长喜	丙	二、〇〇〇	牙檀巷	
马源记	马潮洲	丙	二、〇〇〇	下关二马路	
冉元记	冉元城	丙	二、〇〇〇	吉兆营	
王荣记	王荣书	丙	二、〇〇〇	南门外宝塔山	
佘森记	佘明福	丙	二、〇〇〇	下关交通路	
殷顺记	殷鸿顺	丙	二、〇〇〇	丹凤街	
费成记	费宝科	丙	二、〇〇〇	大纱帽巷	
新星记	王兴仁	丙	二、〇〇〇	估衣廊	
朱德源	朱悦礼	丙	二、〇〇〇	浦口进德里	
萧厚记	萧在厚	丙	二、〇〇〇	洪公祠	
刘林记	刘林棋	丙	二、〇〇〇	九儿巷	
周海记	周仙海	丙	二、〇〇〇	青石街	
张瀛记	张顺昌	丙	二、〇〇〇	颜料坊	
徐荣记	徐炳元	丙	二、〇〇〇	焦状元巷	
吴义记	吴义记	丙	二、〇〇〇	新街口	
浩学记	浩学洪	丙	二、〇〇〇	管家桥	
谭顺兴	谭少林	丙	二、〇〇〇	丹凤街	
苏成记	苏宝臣	丙	二、〇〇〇	下关虹门口	
尹祥记	尹和祥	丙	二、〇〇〇	中正街	
张德记	张德炘	丙	二、〇〇〇	王府园	

续表

牌号	经理姓名	登记等级	资本数（元）	地址	备注
金祥记	金伯雄	丙	二、〇〇〇	汉中路	
邵富记	邵元富	丙	二、〇〇〇	韩家巷	
唐明记	唐明章	丙	二、〇〇〇	黄泥冈	
朱炳记	朱炳钧	丙	二、〇〇〇	蒋家苑	
朱森泰	朱启发	丙	二、〇〇〇	广艺街	
李秀记	李继贤	丙	二、〇〇〇	旧王府	
栾义记	栾长富	丙	二、〇〇〇	闺夋营	
利民营造厂	杨炳生	丙	二、〇〇〇	下关姜家园	
刘春记	刘春桂	丙	二、〇〇〇	大丰富巷	
龚寿记	龚奉亲	丙	二、〇〇〇	瓦匠巷	
万福记	万学礼	丙	二、〇〇〇	建邺路	
刘森记	刘寿余	丙	二、〇〇〇	柳叶街	
沈源兴	沈文才	丙	二、〇〇〇	下关二马路	
夏福记	夏福庭	丙	二、〇〇〇	大丰富巷	
杨源记	杨德魁	丙	二、〇〇〇	宰牛巷	
江兴记	江兴记	丙	二、〇〇〇	新平桥	
顾成记	顾元桃	丙	二、〇〇〇	下关公共路	
柴清记	柴和清	丙	二、〇〇〇	三条巷	
郭钰兴	郭学美	丙	二、〇〇〇	建邺路	
尚源记	尚源启	丙	二、〇〇〇	黄泥冈	
刘长椿	刘长椿	丙	二、〇〇〇	吉兆营	
许顺兴	许家芳	丙	二、〇〇〇	跑马巷	

续表

牌号	经理姓名	登记等级	资本数（元）	地址	备注
梁森记	梁国潮	丙	二、〇〇〇	绥远路	
沈金记	沈金海	丙	二、〇〇〇	楼子巷	
殷顺记	殷得俊	丙	二、〇〇〇	木料市	
邬元记	邬祖元	丙	二、〇〇〇	高家酒馆	
刘森记	刘锡才	丙	二、〇〇〇	府东街	
汤锦记	汤锦福	丙	二、〇〇〇	小西湖	
王新记	王洽尧	丙	二、〇〇〇	盐仓桥东街	
孙兴记	孙长科	丙	二、〇〇〇	祖师庵	
夏银记	夏子亮	丙	二、〇〇〇	成贤街	吊销执照半年，自廿二年十一月廿二日起
沈义森	沈魁之	丙	二、〇〇〇	太平路	
魏复兴	魏守和	丙	二、〇〇〇	胪政牌楼	
李森昌	李维善	丙	二、〇〇〇	太平桥北	
陈兆记	陈兆华	丙	二、〇〇〇	鼓楼水井巷	
常兴记	常登富	丙	二、〇〇〇	三眼井	
江贵记	江金贵	丙	二、〇〇〇	糖坊桥	
陈兴记	陈长兴	丙	二、〇〇〇	青石街	
郑永记	郑宝林	丙	二、〇〇〇	南门外宝塔根	
姜荣记	姜朝荣	丙	二、〇〇〇	乌衣巷	
邹复兴	邹步宽	丙	二、〇〇〇	估衣廊	
夏锦记	夏嘉福	丙	二、〇〇〇	石桥南	
刘永记	刘柏歧	丙	二、〇〇〇	明瓦廊	

续表

牌号	经理姓名	登记等级	资本数（元）	地址	备注
德泰营造厂	王文德	丙	二、〇〇〇	三眼井	
周顺兴	周林	丙	二、〇〇〇	中正路	
邓顺兴	邓开兴	丙	二、〇〇〇	破布营	
周松记	周松钧	丙	二、〇〇〇	瓦匠巷	
马兴茂	马兴茂	丙	二、〇〇〇	王府园	
李鸿记	李庆鸿	丙	二、〇〇〇	三眼井	
龚源记	龚仲余	丙	二、〇〇〇	鸡鹅巷	
尤复记	尤德源	丙	二、〇〇〇	木匠营	
张复记	张学林	丙	二、〇〇〇	三眼井	
鲍定记	鲍阿定	丙	二、〇〇〇	下关清真寺后	
王钧记	王毓文	丙	二、〇〇〇	王府园	
方顺兴	方鲍来	丙	二、〇〇〇	不详	
新敬记	贾敬裕	丙	二、〇〇〇	柏果园	
李金记	李金桂	丙	二、〇〇〇	广艺街	
戴正记	戴正林	丙	二、〇〇〇	瓦匠巷	
武椿记	武永福	丙	二、〇〇〇	武学园	
张盛记	张盛才	丙	二、〇〇〇	下关河街	
董祥记	董庆鸿	丙	二、〇〇〇	下关永宁街	
蔡宝记	蔡宝贵	丙	二、〇〇〇	下关下汉河	
卢长记	卢长发	丙	二、〇〇〇	止马营	
杨鑫记	杨汉廷	丙	二、〇〇〇	三眼井	
贾寿记	贾寿银	丙	二、〇〇〇	瓦匠巷	

续表

牌号	经理姓名	登记等级	资本数（元）	地址	备注
杨明记	杨春明	丙	二、〇〇〇	湖南路	
民生商行	侯敬生	丙	二、〇〇〇	胪政牌楼	
田荣记	田其霖	丙	二、〇〇〇	西方庵	
于芝记	于联芝	丙	二、〇〇〇	登隆巷	
泰和记	王德潮	丙	二、〇〇〇	莲花桥	
姚发春	姚发春	丙	二、〇〇〇	甘露巷	
张茂记	张泽茂	丙	二、〇〇〇	建邺路	
刘荣记	刘宏钊	丙	二、〇〇〇	丹凤街	
熊合兴	熊永清	丙	二、〇〇〇	国府路	
杨忠记	杨忠贵	丙	二、〇〇〇	洪武路	
江永泰	江金荣	丙	二、〇〇〇	金银街	
刘顺记	刘起华	丙	二、〇〇〇	收兵桥	
刘锦兴	刘锦华	丙	二、〇〇〇	建邺路	
刘顺记	刘正福	丙	二、〇〇〇	顺安里	
臧恒兴	臧德元	丙	二、〇〇〇	汉西门内	
丁顺记	丁步龄	丙	二、〇〇〇	破布营	
傅承记	傅承有	丙	二、〇〇〇	丁家巷	
张涌记	张盛和	丙	二、〇〇〇	莲花桥	
源兴记	王明荣	丙	二、〇〇〇	下关二马路	
南保记	南保和	丙	二、〇〇〇	筹市口	
贝海记	贝海如	丙	二、〇〇〇	义兴巷	
周顺记	周昌德	丙	二、〇〇〇	廊后街	

续表

牌号	经理姓名	登记等级	资本数（元）	地址	备注
王善记	王贤华	丙	二、〇〇〇	胡家菜园	
钱福记	钱宗海	丙	二、〇〇〇	黑廊巷	
盛玉记	盛玉记	丙	二、〇〇〇	武学园	
李翔麟	李翔麟	丙	二、〇〇〇	荷花巷	
周顺记	周宜林	丙	二、〇〇〇	复兴街南	
朱子记	朱代隆	丙	二、〇〇〇	龙池庵街	
吴森祥	吴宝桢	丙	二、〇〇〇	湖北路	
郑炳兴	郑松寿	丙	二、〇〇〇	颜料坊	
于源记	于宝和	丙	二、〇〇〇	管家桥	
王隆兴	王文华	丙	二、〇〇〇	五老桥	
傅顺兴	傅德标	丙	二、〇〇〇	小门口	
正银记	董长银	丙	二、〇〇〇	下关复兴街	
姚金记	姚世文	丙	二、〇〇〇	珍珠桥	
杨顺兴	杨本立	丙	二、〇〇〇	关头巷	
林春记	林春山	丙	二、〇〇〇	居安里	
赵成记	赵成记	丙	二、〇〇〇	安品街	
陈顺记	陈国芝	丙	二、〇〇〇	螺丝湾	
王顺记	王在发	丙	二、〇〇〇	浦口升和里	
汪顺记	汪永华	丙	二、〇〇〇	红庙	
许复记	许如蒋	丙	二、〇〇〇	木屐巷	
唐顺记	唐宣仁	丙	二、〇〇〇	浦口天桥西街	
马祥兴	马德永	丙	二、〇〇〇	太平桥	

续表

牌号	经理姓名	登记等级	资本数（元）	地址	备注
沈祥记	沈克义	丙	二、〇〇〇	吉祥街	
冷庆记	冷文庆	丙	二、〇〇〇	小百花巷	
黄顺记	黄锦顺	丙	二、〇〇〇	广艺街	
周茂记	周希茂	丙	二、〇〇〇	下关静海寺	
邱永记	邱玉林	丙	二、〇〇〇	旋子巷	
正记水木作	张天宝	丙	二、〇〇〇	杨家花园	
王振记	王起孝	丙	二、〇〇〇	止马营	
晏顺兴	晏其义	丙	二、〇〇〇	旧王府	
陶金记	陶景春	丙	二、〇〇〇	下关永宁街	
美汉记	朱汉生	丙	二、〇〇〇	大悲巷	
唐华记	唐燮坤	丙	二、〇〇〇	弓箭坊	
王盛记	王成龙	丙	二、〇〇〇	张府园	
李新记	李新德	丙	二、〇〇〇	青石街	
李瑞记	李善庆	丙	二、〇〇〇	杨公井	
春记义森厂	沈恒春	丙	二、〇〇〇	二都庙	
秦盛记	秦盛全	丙	二、〇〇〇	建邺路	
张盛记	张惟胜	丙	二、〇〇〇	曹都巷	
钟添兴	钟玉青	丙	二、〇〇〇	青石街	
袁有记	袁盛有	丙	二、〇〇〇	王府园	
严长记	严长福	丙	二、〇〇〇	鸡鹅巷	
徐士春	徐喜生	丁	二〇〇	户部街	
周隆记	周隆泉	丁	二〇〇	凤游街	

续表

牌号	经理姓名	登记等级	资本数（元）	地址	备注
周森记	周长云	丁	二〇〇	安品街	
周元隆	周元隆	丁	二〇〇	大胶巷	
马学记	马学才	丁	二〇〇	小全福巷	
薛经记	薛经万	丁	二〇〇	车牌楼	
王忠记	王忠和	丁	二〇〇	小府巷	
陈永泰	陈永保	丁	二〇〇	安品街	
聚兴记	梅少卿	丁	二〇〇	下关商埠西街	
查余泰	查余财	丁	二〇〇	凤凰街	
方瑞记	方阿瑞	丁	二〇〇	太平路	
李春记	李春华	丁	二〇〇	南门外宝塔根	
聚盛记	顾恒思	丁	二〇〇	下关虹门口	
杨森记	杨春洲	丁	二〇〇	李府巷	
黄仁记	黄富仁	丁	二〇〇	贵人坊	
朱椿记	朱椿荣	丁	二〇〇	瓦匠巷	
张青记	张永发	丁	二〇〇	新路口	
陆荣记	陆定桂	丁	二〇〇	火瓦巷	
王聚兴	王善奎	丁	二〇〇	洋珠巷	
万涌记	万华沂	丁	二〇〇	小姚家巷	
徐有记	徐有钧	丁	二〇〇	大夫第	
施光裕	施光裕	丁	二〇〇	高家巷	
马荣兴	马志甫	丁	二〇〇	三坊巷	
万松记	叶松泉	丁	二〇〇	牛市	

续表

牌号	经理姓名	登记等级	资本数（元）	地址	备注
元生记	王学元	丁	二〇〇	下关商埠街	
龚长记	龚长发	丁	二〇〇	门东仁和巷	
张复记	张竺香	丁	二〇〇	承恩寺	
濮顺兴	濮家兴	丁	二〇〇	太平桥	
韩复记	韩庭宝	丁	二〇〇	坊口大街	
曹玉记	曹三	丁	二〇〇	东关头	
朱明记	朱家贵	丁	二〇〇	千章巷	
陈永兴	陈步全	丁	二〇〇	下关永宁街	
王聚兴	王聚	丁	二〇〇	大彩霞街	
谢炳记	谢春生	丁	二〇〇	锦绣坊	
萧洪记	萧长发	丁	二〇〇	后所巷	
刘宝记	刘松亮	丁	二〇〇	裱画廊	
德元长	陈月轩	丁	二〇〇	兆庆里	
周锦记	周杰才	丁	二〇〇	兴中门	
於金记	於金魁	丁	二〇〇	东牌楼	
王生记	王文田	丁	二〇〇	老君庙	
饶顺记	饶应祥	丁	二〇〇	大影壁	
王玉记	王学玉	丁	二〇〇	下关虹门口	
苗顺兴	苗翠清	丁	二〇〇	琵琶巷	
潘顺兴	潘立志	丁	二〇〇	糖坊桥	
滕禛记	滕宗祥	丁	二〇〇	龙蟠里	
王顺记	王发宝	丁	二〇〇	复兴街	

续表

牌号	经理姓名	登记等级	资本数（元）	地址	备注
钱恩记	钱家恩	丁	二〇〇	校尉营	
震兴	钱家春	丁	二〇〇	闺奁营	
叶祥记	叶家祥	丁	二〇〇	牌楼巷	
吴永记	吴怡柏	丁	二〇〇	瓦匠巷	
丁聚兴	丁聚兴	丁	二〇〇	大党家巷	
何盛记	何石庭	丁	二〇〇	廊背后	
倪顺兴	倪顺兴	丁	二〇〇	木料市	
张元记	张元祥	丁	二〇〇	水仓	
陈礼记	陈彭年	丁	二〇〇	堂子街	
蔡同兴	蔡必荣	丁	二〇〇	堂子巷	
金美记	金林魁	丁	二〇〇	收兵桥	
方瑞记	方阿瑞	丁	二〇〇	太平路	
崔福兴	崔得林	丁	二〇〇	汉中路	
贾财记	贾永兴	丁	二〇〇	蒋家苑	
谭顺兴	谭玉发	丁	二〇〇	下关米市街	
顾林记	顾盛都	丁	二〇〇	长乐路	
江开福	江开福	丁	二〇〇	半边营	
沈春记	沈有福	丁	二〇〇	武学园	
周清记	周长林	丁	二〇〇	下关天保路	
潘恒记	潘恒保	丁	二〇〇	骂驾桥	
常洪清	曾洪清	丁	二〇〇	义兴巷	
吉森记	吉星甫	丁	二〇〇	地藏庵	

续表

牌号	经理姓名	登记等级	资本数（元）	地址	备注
李顺记	李维金	丁	二〇〇	平安巷	
赵永记	赵永元	丁	二〇〇	香铺营	
陶明记	陶明洪	丁	二〇〇	胡家巷	
范永记	范永霖	丁	二〇〇	高家巷	
姚兴记	姚春年	丁	二〇〇	怡和堂	
余德记	余德记	丁	二〇〇	大石坝街	
谈永记	谈永福	丁	二〇〇	天喜长生祠	
李金记	李来瀛	丁	二〇〇	三坊巷	
晏福记	晏福记	丁	二〇〇	旋子巷	
朱长记	朱长裕	丁	二〇〇	跑马巷	
余福记	金锦堂	丁	二〇〇	羊市桥	
李顺兴	李江平	丁	二〇〇	黑廊巷	
朱德记	朱德福	丁	二〇〇	瓦匠巷	
郑顺兴	郑立长	丁	二〇〇	复城仓	
建新营造厂	曾传霖	丁	二〇〇	洪公祠	
黄万盛	黄万根	丁	二〇〇	集庆路	
刘顺记	刘庆华	丁	二〇〇	浦口天桥	
单兴隆	单伟成	丁	二〇〇	平安巷	
高新记	高德甫	丁	二〇〇	北祖师庵	
张宝记	张宝庆	丁	二〇〇	富德巷	
刘开记	刘开文	丁	二〇〇	宝塔山	
戴森和	戴淀有	丁	二〇〇	延龄巷	

续表

牌号	经理姓名	登记等级	资本数（元）	地址	备注
孔顺兴	孔祥得	丁	二〇〇	下关大马路	
陈永记	陈钰	丁	二〇〇	旋子巷	
邬政记	邬邦政	丁	二〇〇	洪武路	
夏源记	夏长有	丁	二〇〇	集庆路	
王正记	王正金	丁	二〇〇	四条巷	
陈洪记	陈祖德	丁	二〇〇	新街口	
马兴记	马兴田	丁	二〇〇	搁漏街	
史鸿记	史庆鸿	丁	二〇〇	三条巷	
吉松记	吉星福	丁	二〇〇	铜坊巷	
严兴记	严正宽	丁	二〇〇	下关商埠街	
龚顺记	龚兆南	丁	二〇〇	建康路	
陈才记	陈大才	丁	二〇〇	养虎巷	
汪永兴	汪道发	丁	二〇〇	石婆婆巷	
周成记	周守德	丁	二〇〇	船板巷	
杜庚昌	杜瀛洲	丁	二〇〇	柏果园	
王有记	王顺祁	丁	二〇〇	井家巷	
李瑞和	李瑞和	丁	二〇〇	中正路	
赵正记	赵正瀛	丁	二〇〇	绒庄街	
张明记	张永林	丁	二〇〇	公园路	
王顺兴	王体寿	丁	二〇〇	珍珠桥	
施裕泰	施林发	丁	二〇〇	下关永宁街	
凌长记	凌长淮	丁	二〇〇	南门外东河沿	

续表

牌号	经理姓名	登记等级	资本数（元）	地址	备注
常兴记	常登林	丁	二〇〇	老菜市	
韦兴记	韦万福	丁	二〇〇	下关复兴街	
刘金记	刘步庄	丁	二〇〇	蔡家巷	
王祥福	王祥福	丁	二〇〇	徐家巷	
王明记	王明记	丁	二〇〇	木料市	
王荣记	王长荣	丁	二〇〇	丹凤街	
张森泰	张日康	丁	二〇〇	闺奁巷	
卞合记	卞荣华	丁	二〇〇	石坝街	
洪有记	洪有发	丁	二〇〇	致和街	
严森昌	严森昌	丁	二〇〇	浦口天桥	
季复兴	季士福	丁	二〇〇	大石坝街	
李嘉麟	李嘉麟	丁	二〇〇	大荷花巷	
熊仁记	熊昌友	丁	二〇〇	浦镇	
高金记	高世海	丁	二〇〇	润德里	
傅福兴	傅连钊	丁	二〇〇	长生祠	
陆成记	陆兆起	丁	二〇〇	三牌楼	
吉森泰	吉森章	丁	二〇〇	永宁街	
周庭记	周廷楼	丁	二〇〇	循相里	
韩学记	韩学仁	丁	二〇〇	南门外东河沿	
刁顺兴	刁澡全	丁	二〇〇	润德里	
杨和记	杨忠茂	丁	二〇〇	洪武路	
俞学记	俞学洲	丁	二〇〇	黄泥巷	

续表

牌号	经理姓名	登记等级	资本数（元）	地址	备注
恒泰营造厂	过得顺	丁	二〇〇	仓门口	
朱顺泰	朱松洞	丁	二〇〇	浦口天桥东街	
陈顺兴	陈贵森	丁	二〇〇	浦口河南	
胡章记	胡维章	丁	二〇〇	南门外兵工厂后	
徐永记	徐以林	丁	二〇〇	下关朝月楼	
文隆兴	文晓星	丁	二〇〇	白下路	
黄全兴	黄金记	丁	二〇〇	太平路	
胡椿记	胡春芳	丁	二〇〇	估衣廊	
吉正记	吉正明	丁	二〇〇	下关圣公会街	
李盛记	李必林	丁	二〇〇	汉中路	
孙盛记	孙家有	丁	二〇〇	尖角营	
杨金记	杨金龙	丁	二〇〇	湖北路	
张松记	张松林	丁	二〇〇	走马路	
朱登记	朱兆山	丁	二〇〇	泰仓巷	
骆均记	骆定邦	丁	二〇〇	居安里	
周义兴	周琪	丁	二〇〇	大板巷	
正兴水木作	朱正有	丁	二〇〇	浦口长安里	
朱永发	朱长顺	丁	二〇〇	瓦匠巷	

十三、机器厂

南京机器厂，有协昌等二十家，内计翻砂厂二家，锅厂三家，电机厂一家。全业资本六万四千余元。计有职员十六人，工人二百六十六人。全业机器设备：共有柴油引擎八只，共马力四十七匹；电流马达十三只，共马力二十八匹；车床三十九只，钻床十八只，刨床二只，铁模一百五十只，溶铁炉四只，翻砂炉一只。每年出产，可出柴油引擎二十四架，抽水机三百架，面粉机三十架，打火机五架，碾米机四架，锅九万口，火炉五百个。多系协昌、边隆丰、金盛永三厂产品。其余各厂，类多修理性质，只可修配机件。二十二年全业营业凡二十一万四千余元。如左表：

表一

厂别	成立年份	厂址	资本数（元）	经理姓名	职员人数	工人人数	营业数（元）
协昌机器厂	民国十年九月	兴中门外大街	二三、六〇〇	顾宝珊	二	三一	八〇、〇〇〇
永兴机器厂	民国十九年	永宁街	一、〇〇〇	杨培清	一	二二	五、〇〇〇
张乾亨锅厂	民国十四年	凤凰街	二、〇〇〇	张竞平	六	二九	一二、〇〇〇
和平轩铜铁机器翻砂厂	民国十九年	挹江门	一、五〇〇	平宝华	|	一一	一五、〇〇〇
森泰机器厂	民国二十年	韩家巷	五〇〇	孙裕林	|	七	五、〇〇〇
金盛永造锅厂	民国十五年	公共路	六、〇〇〇	颜境彬	|	一九	六、〇〇〇
同兴昌铸锅厂	民国二十年	商埠街	八、〇〇〇	葛清泉	|	二〇	二、四〇〇
信谊机器厂	民国二十一年	新街口	三、〇〇〇	姚公卿	|	八	三、〇〇〇
同裕机器厂	民国二十年	新街口	一、八〇〇	朱久祥	二	八	三、二〇〇
杨永兴机器厂	清宣统年间	太平路	二〇〇	杨茂珊	|	四	一、〇〇〇
华成机器厂	不详	高家酒馆	五〇〇	沈太康	|	六	一、二〇〇
边隆丰机器厂	民国七年	太平路	二、〇〇〇	边凤祥	|	八	四、〇〇〇

续表

厂别	成立年份	厂址	资本数（元）	经理姓名	职员人数	工人人数	营业数（元）
边隆丰机器厂	民国十五年	姚家巷	二、〇〇〇	边凤仪	丨	九	四、〇〇〇
新福记铁工厂	民国十六年	糖坊桥	二〇〇	沈忠福	丨	二〇	一、五〇〇
公昌机器厂	民国十八年	糖坊桥	二、〇〇〇	褚才根	一	一五	六、〇〇〇
邦华电机厂	民国十六年	兴中门外	四、〇〇〇	陈云山	一	四	一〇、〇〇〇
胜昌机器厂	清光绪二十年	惠民桥	三、〇〇〇	徐炳余	二	一九	一〇、〇〇〇
同泰永机器翻砂厂	清光绪三十年	吉祥街	二、〇〇〇	谢顺金	一	二〇	一〇、〇〇〇
中兴机器厂	民国十四年	建康路	一、五〇〇	由荣昌	丨	六	一七、五〇〇
同泰永机器厂	不详	太平路	一、五〇〇	不详	？	？	一七、五〇〇
合计			六四、三〇〇		一六	二六六	二一四、三〇〇

表二

厂名	机械设备	产量	产值（元）	工人工资		每日工时
				最高（元）	最低（元）	
协昌	电流马达五、车床三、钻床二、老虎钳	柴油引擎二〇架，抽水机三〇〇架，面粉机三〇架，其他机件	八〇、〇〇〇	月计 七五	九	日九夜六
永兴	四·五匹电流马达一、车床四、钻床一、刨床一	修理机件	六、〇〇〇	日计 一.三三	〇.二六六	日一〇
张乾亨	溶铁炉一	锅一〇、〇〇〇口	一二、〇〇〇	年计 二二〇	六〇	日一〇
和平轩	五匹柴油引擎一、车床二、钻床一、翻砂炉一	修配机件	一五、〇〇〇	月计 三〇	一八	
森泰	十匹柴油引擎一、车床一、钻床一	修配机件	五、〇〇〇	月计 三〇	一二	九

续表

厂名	机械设备	产量	产值（元）	工人工资		每日工时
				最高（元）	最低（元）	
金盛永	五匹电流马达一、铁模七〇	锅 五〇、〇〇〇口，火炉五〇〇个	六、〇〇〇	年计 一二〇	六〇	
同兴昌	三匹电流马达一、铁模八〇	锅 三〇、〇〇〇口	二、四〇〇	年计 一二〇	四〇	
信谊	三匹电流马达一、车床一、钻床一	修理机件	三、〇〇〇	月计 二〇	六	一〇
同裕	八匹柴油引擎一、车床三、钻床一	修理机件	三、二〇〇	月计 一八	六	九
杨永兴	车床一、钻床一	修理机件	一、〇〇〇	月计 一五	六	
华成	车床一、钻床一	修理机件	一、二〇〇	月计 一五	六	
边隆丰	八匹柴油引擎一、车床四、钻床二	修理机件	四、〇〇〇	月计 一五	六	
边隆丰	六匹柴油引擎一、车床五、钻床一、小刨床一	柴油引擎四架、打火机五架、碾米机四架、修理机件	四、〇〇〇	月计 三〇	五	八
新福记	手工打铁锻炉三	代制建筑工程铁器	一、五〇〇	月计 三〇	六	
公昌	三匹电流马达一、车床五、钻床一	修理汽车机件	六、〇〇〇	月计 五〇	二〇	九
邦华	三·五匹电流马达一、车床、钻床、刨床	制造及修理电气机件	一〇、〇〇〇	月计 四〇	三〇	八
胜昌	三匹电流马达一、车床二、刨床一、钻床二	修理机件	一〇、〇〇〇	月计 四〇	六	九
同永泰	五·五匹柴油引擎二、三匹电流马达一、溶铁炉二、车床二、钻床二	制造及修理机件	一〇、〇〇〇	月计 三〇	六	一〇

续表

厂名	机械设备	产量	产值（元）	工人工资		每日工时
				最高（元）	最低（元）	
中兴	五匹柴油引擎一、钻床一、车床三	修理机件	一七、五〇〇	月计 三〇	六	九
同泰永	引擎、车床、钻床、刨床	修理机件	一七、五〇〇	月计 三〇	六	一〇

一四、电池厂

耀华电池分厂，民国二十一年设立，厂设评事街，资本一千元，经理王植夫，工人六名，月计工资四元至五元，年产各种电池一万打，营业计五千元。

一五、机器凿井厂

新昌机器凿井厂，成立于民国十八年，厂设杨公巷，资本五百元，经理沈起荣，雇有工人十八名，工资月计最高二十元，最低十五元，置有十匹马力之柴油引擎一座，凿井机二部，营业年达万元。

一六、煤球厂

南京住户，燃料煤、柴参用。煤球厂有利民、合昌二家。利民为机制煤球厂，置有二十五匹马力柴油引擎一座，打水机、打煤机各一部，雇用工人二十四人，年出煤球六万担。合昌为手工制球，有小机器一架，年出煤球三千余担。全年营业共计七万余元。如左表：

厂别	成立年份	厂址	资本数（元）	经理姓名	职员人数	工人人数	营业数（元）
利民煤球厂	民国二十年	凤凰街	九、〇〇〇	沈兆快	六	二四	六六、〇〇〇
合昌煤球厂		西华门	一、〇〇〇		一	二	五、〇〇〇
合计			一〇、〇〇〇		七	二六	七一、〇〇〇

一七、电镀厂

电镀电刻业共四家，计有资本四千八百元。振兴置有小发电机一座，电镀机八具。华丽置有照相机，专制铜铅版。全年营业共计二万四千余元。如左表：

厂别	成立年份	厂址	资本数（元）	经理姓名	职员人数	工人人数	营业数（元）
振兴电镀厂	民国十七年	牛首巷	八〇〇	顾俊述	二	八	四、〇〇〇
美化金工场	民国二十年	西门小门口	一、〇〇〇	钟道锡	一	七	五、〇〇〇
真如电刻工厂	民国十八年	户部街	二、〇〇〇	崔锦帆	四	一三	一三、〇〇〇
华丽制版所	民国二十年	新街口	一、〇〇〇	王高铨	一	六	二、五〇〇
合计			四、八〇〇		八	三四	二四、五〇〇

一八、烛皂厂

南京烛皂厂，有大中华、和茂新、兴茂、华兴四厂。计共工人三十一人，锅炉、铜模、木模、打字机之属略具，年可出皂七千七百五十箱，烛一千六百箱，碱八百块，产值三万九千六百元。销行南京、江宁、句容、溧水等处。各厂营业概况，如左表：

厂别	成立年份	厂址	机械设备	资本数（元）	经理姓名	职员人数	工人人数	产量	营业数（元）
大中华烛皂厂	民国二十年	马道街	锅灶一、打字机一	三、〇〇〇	钱贯之	三	五	皂一、二五〇箱 烛五〇〇箱	八、〇〇〇
和茂新皂厂	民国十九年	张象衙	溶锅一、铜模四、木模三	一、〇〇〇	陈颂南	一	六	皂二、〇〇〇箱	八、〇〇〇
同茂烛皂厂	民国十七年	中华门大街	炉一、锅一	五、〇〇〇	李钰棠	一八	一六	皂二、五〇〇 烛一、六〇〇箱 碱八〇〇	二〇、六〇〇
华兴肥皂厂	民国十五年	虹庙	大溶锅一、铜模二	一、〇〇〇	王锡三	一	四	皂一、〇〇〇箱	五、〇〇〇
合计				一〇、〇〇〇		二三	三一		三九、六〇〇

一九、电厂

南京电汽业，共有二家，一为首都电厂，一为浦口电厂，均系公营性质。首都电厂，原名南京电灯厂，自建设委员会十七年接办后，始改今名，规模从此大加扩充，顿成全国模范电厂，另于下关设有分厂。初有资本不过一百七十余万元，现已增至三百五十万元。都城内外及下关商埠，均为其营业范围。浦口电厂，由津浦铁路局设立，专供路用，营业仅及于浦口一隅。两厂营业概况，如左表：

厂别	成立年份	厂址	资本数	经理姓名	职员人数	工人人数	全年发电度数	营业数（元）	备注
首都电厂	民国十七年	西华门	一、七四七、五七〇元	潘铭新	一一四	二七一	一三、二〇八、〇七六	一、二〇〇、〇〇〇	原名南京电灯厂，创设于清宣统三年
浦口电厂	民国十三年	浦口	二七〇、〇〇〇元 八八、八六三磅	翁为	二三	一〇七	一、三四七、〇〇四	九〇、四三八	该厂原为沿路车站用电而设，营业甚微
合计			二、〇一七、五七〇元 八八、八六三磅		一三七	三七八	一四、五五五、〇八〇	一、二九〇、四三八	

二〇、自来水厂

南京自定都后，为急行救济饮料之缺乏及消防事业之改进，市政当局乃于十八年春间着手筹划自来水，旋于十八年六月奉国府令核准发行特种建设公债三百万元，暂以二百万元作为建设首都自来水之用。十八年八月，市府成立自来水筹备处，筹备一切进行之工程计划。复于翌年三月成立自来水工程处，负责督促工程之进行，及至二十二年四月开始供水。厂址设汉西门外葡包洲，取长江之水为水源。每日给水能率为四万立方公尺。惟开办伊始，用户不多，现在给水量仅三千立方公尺。其净水方法，用空气净水法及沉淀法，尚无快滤、慢滤等池之设备。当浑水进沉淀池及清水离沉淀池时，概用级式空气净水法以冲净之。在沉淀池中，则用硫酸矾以沉淀之。沉淀池计一个，容量为八千四百立方公尺。清水池亦一个，容量为七千五百立方公尺。抽水机计有离心式六座，口径为三百公厘及三百五十公厘者各三座，每座每日抽水量约为二万立方公尺。其动力用电气及柴油两种。全市水管共长三万三千七百十公尺，装有水表五十一个，龙头一百八十个，开禁水关三百三十一个。每立方公尺之水价，依用量之多寡，自一角至二角不等。

公共机关水价，照平常用户八折计算。自二十二年四月供水起，截至年底止，计共出水九十五万四千六百三十九立方公尺，收入九万四千五百四十八元。接水户数仅三百五十户。当二十三年三月调查时，业已增至五百户，并拟添设水站十处。水质一经制炼,匪特适宜于饮料之用,且亦宜作为工业用水(化验结果已具市政卫生篇)。兹将现有水管、水表、开禁水关及水费,分别列表于左:

南京市自来水厂水管表

对径 公厘	对径 英寸	长度(公尺)	对径 公厘	对径 英寸	长度(公尺)
七五〇	三〇	三、四〇〇	六〇〇	二四	三、〇五〇
五〇〇	二〇	一〇、〇五〇	三〇〇	一二	三、五八〇
二〇〇	八	六、四四〇	一五〇	六	六、五〇〇
一〇〇	四	六九〇		共计	三三、七一〇

南京市自来水厂水表表

对径 公厘	对径 英寸	个数	对径 公厘	对径 英寸	个数
六〇〇	二四·〇	一	八〇	三·〇〇	二
五〇	二·〇	四	四〇	一·五〇	八
二五	一·〇	一二	二〇	〇·七五	一三
一三	〇·五	一一		共计	五一

南京市自来水厂开禁水关表

对径 公厘	对径 英寸	个数	对径 公厘	对径 英寸	个数
八〇〇	三〇	四	六〇〇	二四	九
五〇〇	二〇	二〇	三〇〇	一二	一七
二〇〇	八	三一	一五〇	六	二三〇
一〇〇	四	二〇		共计	三三一

南京市自来水装接费及水费表

水表口径（公厘）			一三	二〇	二五	四〇	五〇	七五	八〇
费别		类别							
每小时水量		立公	〇·六	一·〇	一·四	四·〇	一三	二八	
每日能量		立公	六	一〇	一四	四〇	一九五	四二〇	
押表费		银元	三〇	三五	四〇	七五	四五〇	七〇〇	面议
预纳水费		银元	一二	二〇	二八	八〇	二五〇	五〇〇	
接水费	弹石路面	银元	二四	二八	三六	五三	七五	二〇六	
	碎石路面	银元	二七	三一	三九	五六	七八	二一一	面议
	柏油路面	银元	三七	四一	四九	六六	八八	二二五	面议
	混凝土	银元	四七	五一	五九	七六	九八	二四〇	面议
贴管费	土路（每公尺）	银元	一·五〇	〇·六〇	〇·七〇	一·〇五	一·三五	三·八〇	面议
	砖或弹石路	银元	〇·六五	〇·七五	〇·八五	一·一〇	一·四〇	四·〇〇	面议
	碎石路	银元	〇·八〇	〇·九〇	一·〇〇	一·二五	一·五五	四·二〇	面议
	柏油路	银元	〇·九五	一·〇五	一·一五	一·四〇	一·七〇	四·五〇	面议
	混凝土	银元	一·三〇	一·四〇	一·五〇	一·八〇	二·一〇	五·二〇	面议
	最低水费	银元	一·八〇	三·〇〇	四·〇〇	一一·七〇	三五·五〇	六五·〇〇	面议

水费	五〇立公以内	每立公〇·二〇〇元
	五一立公以上至二五〇立公	每立公〇·一七〇元
	二五一立公以上至一、〇〇〇立公	每立公〇·一四〇元
	一、〇〇一立公以上至五、〇〇〇立公	每立公〇·一一五元
	五、〇〇〇立公以上	每立公〇·一〇〇元

二一、印刷业

南京为全国首都，中央一切政教文化之宣传，均恃印刷为广播利器。十六年以前，全市仅四家，十六年以后，逐年添设，增至二十八家，内以三民印刷所为最大，该所原由中央党部办理，现已出租。次为京华、大陆，设备齐全，印刷亦精。全业资本共计四十四万三千五百五十元，职员一百二十二人，工人九百零七人。置有柴油引擎五座（马力共四十二匹），马达七座（马力共一百〇四匹），铅印机六十三具，石印机二十八具，铸字机一十四具，对开机三十具，四开机一十五具，圆盘机四十具，洗文机三具，其他划线机、全张机、装订机一应俱全。二十二年营业，凡九十二万余元。兹将各家概况分列二表于左：

表一

牌号	成立年份	地址	资本数（元）	经理姓名	职员人数	工人人数	营业数（元）
仁德印刷所	民国十九年	常府街	一〇、〇〇〇	陆子冬	六	二五	一二、〇〇〇
大陆印书馆	民国十七年	国府路	五〇、〇〇〇	叶开鑫	九	一四	一六〇、〇〇〇
东南印刷所	民国十七年	洪武路	八、〇〇〇	黄石秋	五	四二	二四、〇〇〇
美丰祥印书馆	民国十九年	国府路	二五、〇〇〇	徐守箴	一〇	八三	八〇、〇〇〇
京华印书馆	民国十七年	中山路	六〇、〇〇〇	王毓英	九	九八	一一〇、〇〇〇
华东印务局	民国十八年	二都庙	一八、〇〇〇	林仲华	七	三〇	五〇、〇〇〇
三民印刷所	民国十九年	童家巷	一六〇、〇〇〇	杨锡孙	一六	一二六	二五〇、〇〇〇
华丰印刷铸字所	民国十七年	洪武路	一六、〇〇〇	乔振亭	三	三七	二五、〇〇〇
南京印刷公司	民国十九年	成贤街	三〇、〇〇〇	王公弢	九	五〇	四〇、〇〇〇
首都国民印务公司	民国十八年	宗老爷巷	五、〇〇〇	徐思会	六	三六	一〇、〇〇〇
金陵印刷公司	民国二十年	黄泥岗	五、〇〇〇	陈尔昌	五	四四	一五、〇〇〇
戊辰印刷所	民国十九年	贡院西街	八〇〇	王振寰	三	三一	二、四〇〇
国华印书馆	民国二十一年	中山东路	三、五〇〇	陆克刚	七	二四	一二、〇〇〇
彩霞宝印刷所作坊	民国十年	金沙井	一、〇〇〇	李纯龙	丨	一七	三、〇〇〇
建兴印刷所	民国十八年	糖坊桥	一、五〇〇	张道明	三	一三	一、八〇〇
亚东印刷公司	民国二十一年	羊皮巷	二、〇〇〇	田湘藩	丨	一〇	六、〇〇〇
成章印书馆	民国十九年	中正路	五、〇〇〇	胡大刚	丨	一八	一五、〇〇〇

续表

牌号	成立年份	地址	资本数（元）	经理姓名	职员人数	工人人数	营业数（元）
促文印刷所	民国十一年	白下路升平桥	五〇〇	高子良	一	六	一、五〇〇
沪宁印刷公司	民国十五年	评事街	三、〇〇〇	姚伯南	一	二一	五、〇〇〇
新华印书馆	不详	四象桥	一、〇〇〇	朱大德	二	一三	一、五〇〇
美昌笺纸印刷店	民国十九年	太平路	三、〇〇〇	陈献廷	一	二六	一二、〇〇〇
文心印刷社	民国二十一年	八条巷	七、〇〇〇	凌石泉	四	一五	二〇、〇〇〇
劳逸印刷装订公司	民国十九年	丹凤街	七五〇	周锡光	三	一二	四、〇〇〇
美吉刷印社	民国十七年	四牌楼	三、〇〇〇	孙桂棠	一	二三	一〇、〇〇〇
中国印刷厂	民国十四年	朝天宫	一、五〇〇	郭振华	五	四	五、〇〇〇
三五印刷所	民国十八年	许家巷	三、〇〇〇	赵振铎	一	一七	一、二〇〇
文华印务局	不详	太平路	五、〇〇〇	夏颂尧	五	二九	一〇、〇〇〇
明明印刷局	民国二十年	估衣廊	八、〇〇〇	但齐先	三	二一	二二、〇〇〇
南京印书馆	民国十六年	升平桥	七、〇〇〇	容毅	一	二二	二〇、〇〇〇
合计			四四三、五五〇		一二二	九〇七	九二八、四〇〇

表二

牌号	机械设备	工资（月计）		每日工时
		最高（元）	最低（元）	
仁德	对开机三、圆盘机二、四开机一、划线机一	三〇	一五	八
大陆	二〇匹柴油引擎一、铅印机一四	三五	一四	九
东南	二匹柴油引擎一、对开机三、四开机一、圆盘机三、洗文机三	三〇	一〇	九
美丰祥	一〇匹柴油引擎一、铅印机一三、铸字机三	六〇	一〇	九
京华	马达二具共三六匹，印刷机三六	八四	九	九
华东	六匹柴油引擎一、四·五匹马达一、对开机一、四开机二、圆盘机三	三八	一五	九

续表

牌号	机械设备	工资（月计）		每日工时
		最高(元)	最低(元)	
三民	四〇匹马达一，卷筒印机、铅石印机、橡皮机等	六〇	二〇	八
华丰	手摇铸字机七	三四	一〇	九
南京	二〇匹马达一、全张机一、对开机二、圆盘机四、装订机一、手摇铸字机一	八〇	一五	九
首都国民	二匹马达一、对开机二、四开机一、圆盘机三、铸字机二	四〇	一〇	九
金陵	对开机一、四开机一、圆盘机五、铸字机一、手摇机一	二〇	一〇	九
戊辰	手摇机一、对开机二	三〇	一二	九
国华	对开机一、四开机二、圆盘机一	二四	八	九
彩霞宝	圆盘机二、石印机九	一二	六	?
建兴	对开机一、四开机一、圆盘机一	一八	一二	?
亚东	对开机一、圆盘机一	一〇	二	?
成章	对开机二	三六	一三	?
促文	石印机六	一〇	三	?
沪宁	四匹柴引擎一、对开机二、圆盘机一	三〇	一四	六
新华	四开机一、圆盘机一	一二	六	八
美昌	对开机一、四开机一、圆盘机二、石印机三	三〇	九	一〇
文心	三匹马达一、对开机一、圆盘机三、铸字机一	三〇	四	一一
劳逸	圆盘机二	二〇	一〇	九
美吉	石印机六	二〇	一〇	九
中国	石印机四	二〇	六	八
三五	对开机一、四开机一、圆盘机一	二〇	?	?
文华	对开机一、圆盘机三	三二	五	九
明明	二·五匹马达一、对开机二、圆盘机一	三八	二〇	?
南京	对开机一、四开机一、圆盘机一	二五	八	九

总上所述，共计二十一业。就各业性质分析，面粉厂、机米厂、酒厂、冰厂属于食品工业；缎业、云锦业、绒业、绸厂、布厂、毛巾厂属于纺织工业；砖瓦厂、营造厂属于建筑工业；制造机器厂、翻砂厂、电池厂、凿井厂、煤球厂属于机器工业；电镀厂、烛皂厂属于化学工业；电厂、自来水厂属于公用工业；印刷业属于文化工业。七类二十一业中，计共八百四十七家，总计资额一千零八十四万七千四百四十九元。二十二年营业，凡一千四百八十三万四千九百九十六元。更为统计如左：

南京市工业统计表

类别	业别	家数	资本数（元）	营业数（元）
食品工业	面粉厂	二	一、三〇〇、〇〇〇	五、〇〇〇、〇〇〇
	碾米厂	三九	八四、二〇〇	一六二、五〇〇
	酒厂	二	七五、〇〇〇	九二、〇〇〇
	冰厂	一四	四五、〇〇〇	一一九、〇〇〇
纺织工业	缎业	六一	六四、七〇〇	一、一二〇、一九〇
	云锦业	一〇八	二四、五一九	一八七、八〇〇
	绒业	六三	四、三一〇	一八、八七〇
	绸厂	一	一六、〇〇〇	八二、〇〇〇
	布厂	三	五、五〇〇	二七、〇〇〇
	毛巾厂	一	七〇〇	四、〇〇〇
建筑工业	砖瓦厂	八	三二四、〇〇〇	五一三、七六〇
	营造厂	四八〇	四、三四二、四〇〇	四、八八五、〇九〇
机器工业	机器厂	二〇	四三、七〇〇	一五九、三〇〇
	电池厂	一	一、〇〇〇	五、〇〇〇
	凿井厂	一	五〇〇	一〇、〇〇〇
	煤球厂	二	一〇、〇〇〇	七一、〇〇〇

续表

类别	业别	家数	资本数（元）	营业数（元）
化学工业	电镀厂	四	五、八〇〇	二四、五〇〇
	烛皂厂	四	一〇、〇〇〇	三九、六〇〇
公用工业	电厂	二	二、〇一七、五七〇八八、八六三磅	一、二九〇、四三八
	自来水厂	一	二、〇〇〇、〇〇〇	九四、五八四
文化工业	印刷业	三〇	四四三、五五〇	九二八、四〇〇
总计	二一业	八四七	一〇、八四七、四四九八八、八六三磅	一四、八三四、九九六

商业

南京为入超商埠，货运经过区域，向无大宗商品出口，故历来商业经济不为人所称道。迄定为首都，始为举国人士所注目，以前间有调查统计，皆属零星片面之报告。市府整理营业税收，曾划全市为八大调查区，派员驻查各该区内商户之变动情形，惜其偏重税收，未暇将分区分业商情加以统计。据本所此次派员实地整个调查结果，共计工厂（厂数见前）、商店凡二万零四百一十家，可类分为一百一十九业。除转运报关九十六家划入交通，银行、钱庄、典当、储蓄五十六家，划入金融。以及不合于营业税登记之小商店五千三百家，二十二年倒闭商店一千一百另八家不计外，现存商店尚有一万三千另三家。依该市商会同业公会之分业，计有粮食、绸布等九十六业，经理店员八万六千零七十九人，资本一千二百四十三万余元。二十二年全业营业，凡七千二百三十四万余元。其不合营业税登记之商店五千余家，亦未入同业公会，因调查限期关系，未详查。

分区统计

京市商店集中于城中、城南及下关等处，浦口仅占少数。城北第六区地面辽阔，商店亦少。兹据市府营业税征收

处统计,以第三区为最多。其次一区、二区、五区、四区、七区、六区依次等差,以第八区为最少。如左表:

南京市商店家数分区统计表

区别	家数	备注
第一区	二、七五八	大行宫、洪武街一带
第二区	二、三四三	太平路、白下路一带
第三区	二、八二五	夫子庙、奇望街一带
第四区	一、一四〇	中华路、雨花路一带
第五区	二、一五〇	汉中路、明瓦廊、大王府巷一带
第六区	八四三	丁家桥、三牌楼一带
第七区	一、一〇二	下关一带
第八区	二四九	浦口一带
合计	一三、四一〇	内有不合于营业税登记商店五千余家，有特税免征商店二千家未列入

分业统计

全市商店计共九十六业,都一万三千零三家。家数之多,洋广杂货业占第一位;资本之大,旅馆业占第一位;营业之大,亦推洋广杂货,次为绸布、纸烟两业,再次为粮食业、钱米业。查金陵关进口货物,多为疋头、棉纱、香烟、肥皂、油糖、五金等日常用品。盖自定都后,人口激增,需要较多,故此类商业亦进展较速。二十二年各业之营业,如左表:

南京市商业分业统计表（计九十六业）

业别	家数	资本数（元）	营业数（元）	备注
粮食业	一九八	一八〇、三三五	四、二〇六、一四〇	
面粉业	一二〇	三〇九、六五五	一、八〇〇、〇一〇	
盐油业	七二	二二五、四九五	一、八一三、〇〇〇	
糖业	二五	一四、〇六九	二六六、三〇〇	
酱园业	八二	三〇〇、〇〇〇	一、七〇三、八〇〇	
茶叶业	七五	一一〇、二〇〇	六六一、六四〇	
糖果罐头业	一四七	二〇〇、〇〇〇	八〇〇、〇〇〇	
火腿业	三九	四四、二〇〇	一四五、八〇〇	
咸货肉业	六二	五二、六〇〇	八九、五〇〇	
牛奶业	一二	一三、四五〇	二六、一〇〇	
酒菜馆业	一一五一	四二三、八六二	二、八九五、四一〇	
烧饼油条业	四二六	九、〇五八	四六五、〇八〇	
鸡鸭业	一五六	三三、一一一	六二〇、〇〇〇	
蛋类	二七	二六、〇〇〇	二三九、二〇〇	
南北货业	七一	二〇〇、〇〇〇	一、〇〇〇、〇〇〇	
豆腐茶干业	三〇三	一八、九九五	三六〇、〇六〇	
水果业	一〇八	三三、〇一四	六三三、四六〇	
冰食汽水业	八四	四〇、二五〇	一九二、一四〇	
磨坊业	二四	四、七〇〇	五四、二三〇	
酒业	三四	三六、〇〇〇	一五六、〇〇〇	
茶社水炉业	三〇〇	九〇、〇〇〇	二四〇、〇〇〇	
炒货业	一二五	三〇、〇〇〇	二〇〇、〇〇〇	
卷烟业	一五二	一二〇、〇〇〇	五、〇〇〇、〇〇〇	
旱烟业	一三	五〇、〇〇〇	八〇、〇〇〇	
钱米业	二〇九	一六五、九四〇	三、〇〇七、六六五	米业兼钱业俗呼钱米流通，乃京市特别情形

续表

业别	家数	资本数（元）	营业数（元）	备注
干鲜果桐油业	三七	七三、〇〇〇	一、五五〇、〇〇〇	
山地货业	六	八、八七〇	一〇、九〇〇	
国药业	一三〇	二二九、五四〇	九八八、四二〇	
西药业	七	一五四、〇〇〇	三六四、〇〇〇	
参燕业	七	八五、〇〇〇	三九六、〇〇〇	
棉花业	一一九	二五二、一四〇	一九六、三六〇	
丝茧业	四四	一五、〇五五	二七一、五〇〇	
纺经业	一五六	一三、六四五	二一五、九〇〇	
纱线业	一三	一七、九七〇	一二四、一〇〇	
呢绒业	三二	二五、八五〇	一六三、二二〇	
鞋帽袜业	三九二	一七八、二七四	一、三七九、三七七	
零剪业	二一	七、五〇〇	六二、〇〇〇	
估衣业	一三二	一九七、九〇〇	一、〇四五、〇五〇	
军西服装业	一二〇	九九、一七八	四二七、四九〇	
绸布业	五八	七五〇、四五〇	五、〇〇〇、〇〇〇	
成衣业	七三四	四四、一九八	六三三、八六〇	
棉织品业	一二四	一三八、六九五	一、二六一、四六二	
麻织品业	三二	一六、九九五	二七三、三〇〇	
草织品业	二二六	六四五、九三五	一、二三六、二七〇	
染炼业	一一六	四二、二二五	一六六、五七〇	
银楼业	八一	二二一、一五〇	七二九、七〇〇	
钟表眼镜业	一一二	七一、五七〇	二〇二、四〇〇	
竹木业	一二三	三一〇、〇〇〇	一、九九〇、〇〇〇	
竹木籐器业	二九五	三四、七四九	三三七、〇二〇	
铜铁锡器业	四一五	八五、〇一九	三九一、九一〇	
五金业	一一七	三九九、六九〇	一、五二〇、〇〇〇	

续表

业别	家数	资本数（元）	营业数（元）	备注
家具业	一四七	一三六、六二五	五七九、九一〇	
磁料陶器业	八一	七三、二四〇	四六五、〇三〇	
梳篦业	一五	二四、九六〇	六六、六〇〇	
棕麻汉货业	二一	八、五二〇	四八、五〇〇	
紫檀红木业	一八	一五、〇〇〇	一三五、三〇〇	
铜铁行军床业	九	一六、四五〇	五九、七〇〇	
砖瓦石灰砂石业	二二四	二八一、五七〇	一、〇〇〇、〇〇〇	
颜料油漆业	九七	六一三、一二〇	七四一、四〇〇	
旅馆业	三二一	一、一一〇、〇〇〇	七一〇、〇〇〇	
煤炭锅业	二五九	三七四、四七〇	二、六六五、六〇〇	
理发业	四八一	一二三、六一二	五六六、八〇五	
浴堂业	七三	一五〇、〇〇〇	一〇九、〇〇〇	
刻字印刷业	六五	九、七二〇	四六、一一二	
古玩业	二二	二七、三〇〇	七一、〇〇〇	
花树业	一一	八一五	一八、五六〇	
弹子房业	九	一四、〇二〇	二一、七〇〇	
影戏剧场业	一〇	五一〇、〇〇〇	五〇〇、〇〇〇	
摄影业	六八	七五、〇〇〇	四〇〇、〇〇〇	
寿材业	一〇五	三四、九三〇	一五九、四五〇	
纸箔业	一二七	一五八、四五〇	二、〇三九、二三〇	内计书籍文具店一一七家，锡箔店一〇家，同一公会
喜幛业	二四	一九、六三〇	七四、七三〇	
彩亭业	二〇	九、〇八〇	三一、七〇〇	
租赁物品业	二八	二三、七八八	八四、五六〇	
香烛纸炮业	八九	六二、四三四	二九三、五八〇	

续表

业别	家数	资本数（元）	营业数（元）	备注
皮革业	一六	四〇、〇〇〇	二四二、二〇〇	
硝皮骨货业	二八	一〇、九〇〇	六三、九八〇	
化装美术品业	三四	一五、一七〇	一三一、二〇〇	
洋广杂货业	一、八八一	五九四、九〇〇	六、七二五、二二四	
伞席业	六二	一五、八三五	一五四、八一〇	
电料业	三八	一五、七二一	一、四五八、八〇〇	
烛皂业	二一	二五、二五五	三一三、八五六	
火柴业	一二	一五、五五〇	八九、四〇〇	
橡皮业	六	一九、二〇〇	一四二、〇〇〇	
珐琅业	七	二四、六二〇	五〇、八〇〇	
玻璃镜架业	三三	一六、九九〇	一〇五、五〇〇	
扇业	一一〇	一三八、七七〇	七四五、八七〇	
旧货业	一四二	一一三、二七〇	四一五、四七〇	
修理业	一四五	三四、九四二	二〇九、三八〇	
包装纸匣业	二九	二、八二三	二九、一三〇	
保险业	二四	一一、四〇〇	二〇〇、五〇〇	
鹅鸭毛业	一四	四〇、〇〇〇	一〇〇、〇〇〇	
猪行业	一七	一三、〇〇〇	一六〇、〇〇〇	
屠业	一八〇	六六、〇〇〇	一、三〇〇、〇〇〇	
马车行业	一四二	三九、二〇〇	二八、四〇〇	
汽车行业	七三	四五五、五二〇	一、二〇〇、〇〇〇	
合计	一三、〇〇三	一二、四三一、三三二	七二、三四七、二七一	

绸布业

京市整个商业，既具上表。更就衣着必需之绸布业、厂布业分述于次，以见京市各业兴替之一斑。

绸布业公同组织之云章公所(即同业公会),迄今已六十余年。曩者民风朴质,营业狭小。自民国十六年以后,突飞猛进,陆续闭歇者固有二十五家,新开者乃增至三十二家,较之歇闭约多三分之一。此盖冠盖京华,应有之现象,毫不足异。该业各庄,散布于水西门、中华门、太平路、北门桥、下关一带,专做本京及附郭乡场交易。据实业部二十二年调查,共七十家;据本所二十三年上半年调查,已闭歇久纶、天和、天盛、天成福、瑞泰祥、裕大恒、永安、祥丰、宝丰恒、益昌祥、隆记、隆盛祥等十二家。现存五十八家,内计绸店三十三家,布店二十二家,绸布兼售三家,计共资本七五〇、四五〇元,职员九八八人,全年营业凡五百万元。二十二年以天福营业九十万元为最大,瑞丰和六十万元居第二位。习分绸柜、布柜,布柜生意较繁,绸柜生意较淡。各家营业概况如左表:

南京市绸布业营业概况表

牌号	地址	经理	成立年份	资本数（元）	营业别	职员人数		
						布柜	绸柜	合计
天福	承恩寺大街	李文厚	民国十一年	五〇、〇〇〇	门市	五一	二四	七五
瑞丰和	府东街	聂润之	民国八年	三六、〇〇〇	门市	八三	二七	一一〇
厚大	行口大街	张守卿	民国十五年改组	一五、〇〇〇	门市	二七	四	三一
恒兴	承恩寺大街	陈汉台	民国二年	一〇、〇〇〇	门市	二三	四	二七
天祥	水西门大街	刘静丞	光绪二十六年	一〇、〇〇〇	门市	三七	一六	五五
久丰	中华门大街	施汉璋	民国十九年	八、〇〇〇	门市	一八	三	二一
泰成	下关大马路	孙慎之	民国十一年	四〇、〇〇〇	门市	三四	一六	五〇
晋源	鱼市大街	徐鹤俦	民国十八年	三〇、〇〇〇	门市	三七	四	四一
厚康祥	下关鲜鱼巷	全鸿文	民国二年	三五、〇〇〇	门市	四三	一六	五九
庚大	黑廊街	戴瑞芝	光绪十六年	一〇、〇〇〇	门市	三七	一六	五三
裕升祥	水西门大街	赵式人	光绪三十二年	一八、〇〇〇	门市	二五	五	三〇
泰康	唱经楼大街	郭子候	民国十七年	二〇、〇〇〇	门市	二一	三	二四
正和祥	中华门大街	赵弼臣	民国十二年	五、〇〇〇	门市	二二	四	二六
慎昌	承恩寺大街	孙寿卿	民国十四年	二四、〇〇〇	门市	三五	八	四三
庆庆	下关大马路	田润蓝	民国十七年	一五、〇〇〇	门市	二五	五	三〇
大吉祥	中华门大街	叶少泉	民国二年	一〇、〇〇〇	门市	二五	五	三〇

续表

牌号	地址	经理	成立年份	资本数（元）	营业别	职员人数		合计
						布柜	绸柜	
永泰昌	中华门大街	侯书镛	民国十七年	一〇、〇〇〇	门市	三三	四	三七
聚源祥	黑廊大街	王耀南	民国七年	一〇、〇〇〇	门市	一五	三	一八
瑞成	鱼市大街	陈心言	民国十八年	三三、〇〇〇	门市	三四	一二	四六
庆大	中华门大街	李品三	民国二年	一〇、〇〇〇	门市	一七	七	二四
大华	下关大马路	方春荣	民国十九年	二五、〇〇〇	门市	二九	九	三八
志成祥	邓府巷	徐耀齐	民国十八年	一八、〇〇〇	门市	四三	一五	五八
同丰泰	吉祥街	傅筱云	民国二年	七、〇〇〇	门市	一五	三	一八
福大	吉祥街	张竟成	民国十二年	三、〇〇〇	门市	一六	三	一九
福纶	北门桥	袁石君	民国十八年	二二、〇〇〇	门市	二五	五	三〇
大盛	坊口大街	李理安	民国十三年	一二、〇〇〇	门市	二〇	三	二三
永康	水西门大街	万丙生	光绪十八年	四八、〇〇〇	门市	三〇	六	三六
华新	朱雀路	夏石君	民国二十一年	四、〇〇〇	门市	一六	二	一八
九和	朱雀路	任鹤臣	民国二十一年	五、〇〇〇	门市	丨	六	六
九新	太平路	陆麟芳	民国二十一年	五、〇〇〇	门市	三六	丨	三六
丽华	太平路	陆麟芳	民国二十一年	五、〇〇〇	门市	一五	丨	一五

续表

牌号	地址	经理	成立年份	资本数（元）	营业别	职员人数		
						布柜	绸柜	合计
新泰恒	府东街	张鸣盛	光绪三十二年	三、〇〇〇	门市	｜	一五	一五
纶章	府东街	方厚征	民国十三年	一、〇〇〇	门市	｜	一三	一三
张象发	府东街	张锡侯	民国十九年	一〇、〇〇〇	门市	｜	七	七
振新	行口大街	唐海清	民国十二年	一〇、〇〇〇	门市	一五	｜	一五
元丰	行口大街	史善之	民国十九年	四、〇〇〇	门市	三	｜	三
天发祥	三山街	孙志弼	民国十九年	七、〇〇〇	门市	九	｜	九
庆成	中华路	程镜寰	民国廿一年	一〇、〇〇〇	门市	二五	｜	二五
鸿福	大功坊	朱鸿宾	民国十四年	七、〇〇〇	门市	一〇	｜	一〇
椿记	花市大街	许子秋	民国十七年	六、〇〇〇	门市	八	｜	八
永吉祥	花市大街	周国章	民国七年	八、〇〇〇	门市	一四	｜	一四
三星	花市大街	张朗轩	民国十五年	一〇、〇〇〇	门市	八	｜	八
瑞和祥	吉祥街	朱和钦	民国三年	四、四五〇	门市	一五	｜	一五
宝丰	太平路	陈汉台	民国廿一年	二〇、〇〇〇	门市	二八	｜	二八
天丰和	吉祥街	葛亚卢	民国二十年	九、〇〇〇	门市	一八	｜	一八
天福支店	太平路	朱炽侯	民国廿一年	三〇、〇〇〇	门市	一四	｜	一四

续表

牌号	地址	经理	成立年份	资本数（元）	营业别	职员人数		
						布柜	绸柜	合计
盛记	府东街	张子久	民国十六年	三、〇〇〇	门市	一六	|	一六
森元	虹土桥	张明森	民国十九年	四、〇〇〇	门市	二	|	二
森记	铜作坊	张立烇	民国廿一年	一、〇〇〇	批发	四	|	四
仁和祥	秤砣巷	杨子渊	民国四年	五、〇〇〇	批发	九	|	九
庆记	秤砣巷	邵璧如	民国十三年	四、〇〇〇	批发	四	|	四
昌记	小彩霞街	陈郁周	民国十年	五、〇〇〇	批发	三	|	三
慎余	讲堂街	金仲云	民国二十年	二、〇〇〇	批发	一	|	一
静记	九儿巷	郭静渔	民国十二年	二、〇〇〇	批发	二	|	二
义记	马巷	汪德钧	民国十八年	二、〇〇〇	批发	二	|	二
慎源	三坊巷	孔文甫	民国十一年	八、〇〇〇	批发	五	|	五
李隆兴	大功坊	李煊之	民国十九年	一〇、〇〇〇	批发	一〇	|	一〇
朱雨记	堂子巷	朱雨生	民国十九年	二、〇〇〇	批发	三	|	三
合计	五十八家			七四〇、四五〇		七一五	二七三	九八八

厂布庄

京市厂布庄，即各织布厂之营业部，现有源盛等十三家。内计批发六家，零售七家。商籍以安徽人占大多数。批发店资本较厚，营业较广，厂布除销本京外，兼及皖省及津浦路徐州站以北。零售店资本甚小，多者三千余元，少者千余元。全年营业，约七十七万五千元。以源盛四十万元为最大，裕工十万元次之，其余各家营业，多在二三万元之间。各家概况，如左表：

南京市厂布业营业概况表

牌号	地址	经理	资本数（元）	营业别	职员	备注
源盛	油市大街	汪维清	三〇、〇〇〇	批发	二一	二十二年营业在四十万元以上
裕工	油市大街	施汉璋	二〇、〇〇〇	批发	一四	营业约十万元以上
公正	黑簪巷	林襄臣	一三、二〇〇	批发	五	以下各庄营业约各在二三万元之间
中华实业	马巷	郝纯之	五、〇〇〇	批发	一	
晋记	木料街	冯栋臣	三、五〇〇	批发	一一	
姚福记	马巷	姚福生	三、〇〇〇	批发	二	
涌盛	南门大街	俞炳文	三、〇〇〇	零售	二	
丰泰祥	评事街	王崇礼	二、〇〇〇	零售	一〇	
鑫丰祥	评事街	王尚鑫	二、〇〇〇	零售	一一	
源泰	府东街	宋郇严	三、五〇〇	零售	一〇	
汤兰记	南门大街	汤兰轩	三、〇〇〇	零售	七	
同益	行口大街	汪锡朋	一、八〇〇	零售	五	
炳记	花市大街	孙炳南	三、〇〇〇	零售	九	
合计	十三家		九三、〇〇〇		一〇八	营业数约七七五、〇〇〇元

首都国货陈列馆

实业部首都国货陈列馆，呈准以淮清桥官房为馆址，成立于十八年九月。同时创办国货商场，举行各种国货展览会。二十一年国货商场扩充，设立特种营业部，确定每月经费三千元。全场各店在二十一年时，每月营业收入，平均约六万元。一般商人以有利可获，纷纷加入，因之商场业务活跃。二十二年因受经济衰落影响及办理之不善，每月各店营业减至万元。前后比较，相差甚巨。现在呈部请求助救中。至该馆所陈国货，足资商家观感鉴别、研究改良者，都凡三十余类。各类种数、件数及价格如左表：

首都国货陈列馆陈列品统计表

部别	类别	出品种数	出品件数	价值	
				最高（元）	最低（元）
农林部	五谷	一〇二	一一〇	一〇·四〇	·〇七
	植物纤维	一二三	一二八	四八·〇〇	·一〇
	丝茧	八〇	一八六	六〇·〇〇	·二〇
	竹木	一九	三三	五、〇〇〇·〇〇	·〇六
	植物子油	一五	一六	·三五	·二〇
	花草及菌	三三	三七	四〇·〇〇	·二〇
	蜜蜡	四	一五		
	肥料	八	八		
矿产部	金属	五二	七二	七·〇〇	·一〇
	煤及煤油	五四	五七	二〇〇·〇〇	一〇·〇〇
	石及土	二六	二九		·〇一
	杂矿	九	一〇		

续表

部别	类别	出品种数	出品件数	价值	
				最高（元）	最低（元）
染织工业部	棉麻织品	五五二	一、〇四五	五〇·〇〇	·〇八
	丝毛织品	二二五	三六一	一〇〇·〇〇	·五〇
	纱线	九六	四七三	二二·〇〇	·一〇
	编织物	二〇七	六〇〇	二一·〇〇	·一五
化学工业部	人身用品	三一四	一、六四九	一一·二〇	·〇五
	家庭用品	一、三一七	五、九〇一	九六·〇〇	·〇二
	工业用品	九一	一〇四	四·七五	·〇四
制造工艺部	人身用品	三七二	三、〇〇一	一二〇·〇〇	·〇六
	家庭用品	四三七	八五三	七四·〇〇	·〇四
	工艺用品	一〇七	三八三	二五〇·〇〇	·七〇
教育用品部	文具	四一六	一、四〇二	四〇·〇〇	·一〇
	科学用品	五九〇	一、三四五	一八〇·〇〇	一〇五·〇〇
	运动器及乐器	九八	一六〇	二四·〇〇	·〇五
艺术部	绘画	二四	五九	六〇·〇〇	八·〇〇
	雕刻型镶	一八七	三二三	二〇〇·〇〇	·三〇
	花绣	六七	九一	二二五·〇〇	·八〇
饮食品部	茶烟	一六二	五一九	二四·〇〇	·〇五
	酒露	一七五	八九七	一·六〇	·二〇
	面粉	二三	六六		
	糖果	一三三	二四五	三·四〇	·〇三
	牲畜	八	一八	五·七六	
	罐头	七七	二一七	三·六〇	一二八·〇〇
	调味品	一二四	四七六	一七·五〇	·〇五
医药部	药材	一八四	二〇三	六〇〇·〇〇	·〇六
	制药	三一七	一、七五五	二五〇·〇〇	·〇四

物价

南京物价,自国府令饬工商部调查编制指数以来,按年均有物价数指数足资查考。盖物价之贵贱,直接关系人民经济,间接亦足影响国家经济。近代各国,无不深切注意。南京二十三年三月份物价,以及历年物价指数,分列二表于左,以资比较,究其升降。

一、南京历年物价指数(以十九年为一〇〇)

类别	民国十九年	民国二十年	民国二十一年	民国二十二年
食料类	一〇〇·〇	九九·〇	九三·〇	八六·一
衣服类	一〇〇·〇	一〇九·〇	一〇二·五	八三·四
燃料类	一〇〇·〇	一一二·〇	一〇四·八	九五·八
金属及电器	一〇〇·〇	一一五·一	一〇〇·三	九二·七
建筑材料	一〇〇·〇	一〇五·五	一一八·二	一一二·九
杂项	一〇〇·〇	一一二·四	一一五·七	一一四·四
总指数	一〇〇·〇	一〇〇·三	一〇〇·八	九二·二

二、南京一般物价表(二十三年三月份)

品名	单位	价格(元)	品名	单位	价格(元)
普通食米	升	〇·〇六五	本色粗布	疋	二·〇〇〇
普通面粉	斤	〇·〇五二	本色洋布	疋	三·〇〇〇
小麦	升	〇·〇三六	棉花	斤	〇·三六〇
黄豆	升	〇·〇三九	布面布底鞋	双	〇·九八〇
食盐	斤	〇·一一〇	黑缎瓜皮帽	顶	〇·八〇〇
红糖	斤	八·一六〇	线袜	双	〇·一六〇
白糖	斤	〇·一八〇	毛巾	条	〇·一四〇
豆油	斤	〇·一一五	瓦	万	三〇·〇〇〇

续表

品名	单位	价格（元）	品名	单位	价格（元）
菜油	斤	〇·一一三	砖	万	八五·〇〇〇
酱油	斤	〇·〇六〇	石灰	百斤	一·〇〇〇
茶叶	斤	〇·七六〇	桐油	斤	〇·二八〇
黄酒	斤	〇·〇九六	玻璃	箱	九·八〇〇
白酒	斤	〇·三六〇	苧麻	斤	〇·二七〇
猪肉	斤	〇·二七〇	毛边纸	张	〇·〇一三
牛肉	斤	〇·一八〇	美孚煤油	听	三·五〇〇
鲫鱼	斤	〇·二二〇	火柴	盒	〇·〇一〇
鸡蛋	个	〇·〇一二	煤屑	吨	一四·八〇〇
豆腐	块	〇·〇一〇	卷烟	十支	〇·〇五〇

贸易

进出贸易,据金陵关最近两年统计,二十一年贸易总值,凡五千二百三十一万余元;二十二年贸易总值,凡四千一百七十九万余元。考其货值内容,二十一年外洋进口货占二千三百一十七万余元,出口货仅冻鸭一种,价值三十五万余元,进超达二千二百八十二万余元之多。二十二年外洋进口货占二千一百三十六万余元,出口货仅邮包一种,价值一千八百余元,进超达二千一百三十六万余元之多,且并冻鸭亦无之。回溯十年以前,缎绒畅销时期,每年出口货少亦二三百万元,多至五百三十余万元。曾几何时,进口激增,而出口毫无。对于国际商场,全无贸易可言。则是贸易总值愈大,洋货之畅销愈多,人民陷于经济侵略愈深,而不能振拔!

至于国内贸易,就津浦铁路运由浦口装轮转口货并计而言,二十一年各埠进口货占一千五百九十九万余元,运销各埠货占一千二百七十九万余元,进超达三百二十万余元。二十二年进口货占五百三十七万余元,运销各埠货占一千五百零四万余元,出超九百六十六万余元,尚占有相当地位。但二十二年实为特殊现象。回溯十年以前,惟十五年有出超百余万元,其余各年,亦惟见进超不见出超。兹将金陵关最近两年进出贸易总值、贸易货值比较、国外国内大宗货物数量数值,分别表列于左:

金陵关最近两年进出贸易货值总数表（单位元）

年份	进口		出口		进出合计
	由外洋	由通商口岸	往外洋	往值商口岸	
民国二十一年	二三、一七二、九五九	一五、九九六、八三五	三五一、六八四	一二、七九五、四九九	五二、三一六、九七七
民国二十二年	二、一三六九、六二九	五、三七七、四七五	一、八四九	一五、〇四五、四一九	四一、七九四、三七二

金陵关最近两年进出贸易货值比较表（单位元）

年份	外洋进出货值比较			通商口岸进出货值比较			
	洋货进口	国货出口	进超	各埠进口	国货运销各埠	进超	出超
民国二十一年	二三、一七二、九五九	三五一、六八四	二二、八二一、二七五	一五、九九六、八三五	一二、七九五、四九九	三、二〇一、三三六	|
民国二十二年	二一、三六五、六二九	一、八四九	二一、三六三、七八〇	五、三七七、四七五	一五、〇四五、四一九	|	九、六七七、九四四

金陵关最近两年国外贸易大宗货物数量价值表（数量单位担，价值单位元）

贸易别	货名	民国二十一年		民国二十二年	
		数量	价值	数量	价值
洋货进口	棉麻羊毛丝织品	|	二五、三四〇	|	一四、五〇一
	黄铜及紫铜	|	一一三、四二五	|	七五、六六五

续表

贸易别	货名	民国二十一年		民国二十二年	
		数量	价值	数量	价值
	未镀锌钢铁管子	三二、一五六	四二七、五七九	七、九二八	五六、八四九
	钢铁轨	二〇、八九一	三二九、六九三	五一、〇〇三	六五六、〇二五
	钢铁丝索	二二九	一〇、二六四	八一	三、二六九
	建筑用钢铁体段	|	|	二五、五〇二	五五七、七〇八
	科学仪器及器具	|	一六八、〇七三	|	三九七、〇二三
	电话机、电报机及未列名材料	|	|	|	四〇、二八四
	无线电机及零件	|	|	|	一八、三九六
	电气配件装修材料	|	三八、五八三	|	一〇三、〇五九
	其他金属制品	|	七五〇、六五四	|	一〇九、四〇九
	电气机器	|	九九五、二七四	|	一九六、八一九
	纺织机器	|	二三、二一六	|	|
	未列名机器及其配件	|	二九六、〇六七	|	一、一二一、六四三
	工具	|	一六、七〇二	|	四五、六三五
	铁道车辆	|	一、二八二、三六七	|	一、二三一、九九四

续表

贸易别	货名	民国二十一年		民国二十二年	
		数量	价值	数量	价值
	铁道用之未列名材料	—	一七六、〇八〇	—	一八八、二三七
	米	二六九、七一一	二、五九三、〇〇四	—	—
	小麦	一、四三〇、八六七	七、三三一、三八〇	七四九、五五一	三、五五四、五二七
	糖	四五、五一二	五八二、三八三	一三三、五一三	一、〇〇二、九九八
	煤油	二、〇二一、七八三美加仑	一、一三二、〇二〇	二、〇七〇、三三八美加仑	七五九、八八八
	平常轻木材	四七、〇六三千方尺	二五九、七二六	六四、五二三千方尺	三三九、五九二
	铁路枕木	三一八、一一七根	八六五、六一一	三九八、〇五八根	七五三、八〇二
	煤	一一、七二六吨	一一七、〇三一	一六、六六七吨	一四四、七五四
国货出口	冻鸭	六、〇七五	一六六、五三五	—	—
	邮包	—	—	—	一、八四九

金陵关最近两年国内贸易大宗货物数量价值表（数量单位担，价值单位元）

贸易别	货名	民国二十一年		民国二十二年	
		数量	价值	数量	价值
各埠进口	生皮熟皮皮货	六二二	三八、四八三	二六四	九、九七二
	麦粉	九九、二七九	六五六、一九八	二五、六七五	一六三、二三五
	小麦	六三、六〇四	三七三、〇四〇	二六、八〇〇	九〇、〇〇〇
	干果	四、四二〇	一四四、〇九〇	二、九三七	六九、三三六
	豆油	一九、七六七	四〇七、〇七五	|	|
	茶油	四五六	一〇、一七九	三六六	八、三五五
	桐油	八、六三〇	二三七、一四〇	四、七三〇	一二九、五〇〇
	榆油	二、九〇一	七九、七二七	一、一八七	二三、八八三
	糖	七、二二九	一〇四、七三六	八、七六三	九五、五二五
	茶	六八四	三五、八五二	三五一	二〇、五七四
	纸菸	四六、六八六	五、六一二、二〇五	九、七七三	一、五一六、一三八
	菜蔬	二、五九三	一三七、八二二	三、二五一	九六、五七〇
	煤	四〇、九三四吨	五九四、七九四	四三、四九二吨	四一六、〇五一
	纸	五、二七三	一五五、九六〇	二、一三六	五四、五八九
	疋头	三、一三八	三七五、五四九	一二二	一二、九四〇
	粗盐	七二三、三八三	三、〇三〇、五五八	三八二、四四九	一、六三八、九四七
	精盐	三二、二一六	一八八、七六九	二五、五九九	一一八、一七一
运销各埠	蛋及蛋产品	一一、四〇七	八二四、九一八	一五	二、二五〇

续表

贸易别	货名	民国二十一年		民国二十二年	
		数量	价值	数量	价值
	未硝山羊皮	一八、〇〇、四五五张	一、三二九、三五六	八一八、一七八张	五七二、六〇七
	绿豆	一〇九、七三五	六九六、四四六	一四〇、〇二五	一、一九一、四三二
	白豆	一一、三二七	六七、九二八	一〇、七八九	六五、二〇八
	黄豆	五、四八七	三四、六九一	一一、三一五	六七、一四五
	麦粉	六五、〇八一	四四三、五五八	二七九、〇〇五	一、六二七、一四八
	米	二、八〇〇	一三、五〇〇	一七四、六八三	九六一、一七二
	小麦	一〇、四四二	六二、〇六一	八八、四五〇	二八七、一七一
	花生仁	一五七、四七四	一、六〇二、九二九	八四、〇七一	七八五、六〇六
	芝麻	二四、八五四	三〇九、三一五	一五、七五六	一八一、一五三
	火麻	五、一一〇	一四六、四〇二	四、〇六三	一一三、五六六
	苘麻	九六八	九、二六三	|	|
	苧麻	|	|	三、三五一	七五、二一八
	菸叶	二一、六五一	六五三、四七七	八〇、二二三	二、三八〇、三九一
	大头菜、咸萝卜干	一、九六〇	二二、七二四	二、三七六	三三、三八二
	煤	一九二、三六二吨	三、五〇六、九〇〇	五〇九、一七〇吨	五、八二七、八九二

【注】

一、该关统计,仅就输运而言,铁路所运货物,不在其内。

二、所谓南京进出口货物,系包括浦口在内。

三、凡已在他埠完纳进口税运至南京之洋货,未列入统计。

四、过境货物并无登记,至由津浦铁路运来在浦口装输出口者,则作南京经由该关之出口货论。

金融

南京金融业，可分为银行、钱庄、储蓄、典当等业，叙述于次：

银行业

南京银行，多系上海总行之分行，资本及金融之周转，亦均仰给于总行。在民国十六年以前，仅有中国、交通、上海、江苏四家。自十六年迄今，继续新开一十六家，共计凡二十家（若连支行及办事处并计为数凡三十五家）。自一·二八沪变发生，京沪路交通中断，致银钱来源骤告断绝，曾一度发生经济恐慌，存户提款停付，信用借款拒绝。嗣后沪战停止，交通恢复，然因总行感受战事影响，银根奇紧，不能尽量接济。直至二十二年，金融未见周转，一般欲求调剂者，各行均苦无法应付。国际汇兑业务，多由中央银行办理。其余各行，内地设有分行者，多营国内汇兑，无分行者，则直无汇兑可言。且京沪交通，朝发夕至，纸币便于携带，机关汇款、商家办货，多不愿经过汇兑手续。放款业务，自二十年大水，继以一·二八沪变，银根奇紧，放款不惟无利可图，甚至连本亦难收回，各行均视为畏途。现在惟对于大同、扬子两面粉厂及较殷实商店，稍有发放，为数甚微。存款业务，在各商家原无款存，有款存者多喜直存沪行及外国银行。押款业务，习分货物及不动产两种，经过南京货物多不停留；不动产抵押，以房屋为多，一因银行不愿经营此种押款，一因持货物及房屋抵押者亦少，故押款亦不兴旺。惟市民银行因性质不同，办理押款手续，亦较通融，故最近两年银行业务，仅能维持开支，殊少盈余可言。各行利息，分活期、定期数种：存款由三四厘至七八厘不等，放款自一分至一分二三厘不等。兹将各行概况列表于左：

南京市银行业概况表

行名	行址	经理	开设年月	总行地址	当地办事处数	资本 定额（元）	资本 实收（元）	职员人数	业务
中央银行	奇望街	李嘉隆		上海	二	二〇、〇〇〇、〇〇〇	二〇、〇〇〇、〇〇〇		国际汇兑、代理国库发行兑换券
中国银行	珠宝廊	吴震修	民国三年一月	上海	四	二五、〇〇〇、〇〇〇	二四、七一一、七〇〇	七〇	国际汇兑及存款放款、发行兑换券
交通银行	白下路	江禅山	民国六年四月	上海	二	一〇、〇〇〇、〇〇〇	一〇、〇〇〇、〇〇〇	五四	存款、放款、汇兑、储蓄、发行兑换券
上海银行	建康路	李桐村	民国四年六月	上海	五	五、〇〇〇、〇〇〇	五、〇〇〇、〇〇〇	一六五	汇兑、存款、放款、储蓄
国华银行	白下路	王伯衡	民国十九年十二月	上海	一	四、〇〇〇、〇〇〇	二、四三〇、〇〇〇	六〇	汇兑、存款、放款、储蓄
金城银行	白下路	李祖基	民国二十年五月	天津	一	一〇、〇〇〇、〇〇〇	七、〇〇〇、〇〇〇	一五	汇兑、存款、放款、储蓄
盐业银行	白下路	陈蔗青	民国二十年十月	天津	—	一〇、〇〇〇、〇〇〇	七、五〇〇、〇〇〇	九	汇兑、存款、放款、储蓄
中南银行	白下路	章叔淳	民国十八年三月	上海	—	—	七、五〇〇、〇〇〇	二〇	汇兑、存款、放款、储蓄、发行兑换券
大陆银行	朱雀路	程锡庚	民国十九年四月	天津	一	五、〇〇〇、〇〇〇	三、七六〇、〇〇〇	一八	汇兑、存款、放款
江苏银行	建康路	顾伯言	民国元年	上海	一	一、〇〇〇、〇〇〇	一、〇〇〇、〇〇〇	三〇	汇兑、存款、放款兼理省金库
中国垦业银行	中山路	董占春	民国二十一年八月	上海	—	二、五〇〇、〇〇〇	二、五〇〇、〇〇〇	一八	汇兑、存款、放款
四明银行	延龄路	丁问樵	民国二十年七月	上海	一	—	二、二五〇、〇〇〇	二九	汇兑、存款、放款、发行兑换券

续表

行名	行址	经理	开设年月	总行地址	当地办事处数	资本		职员人数	业务
						定额（元）	实收（元）		
中国农工银行	白下路	萧缉亭	民国十八年八月	上海	丨	一〇、〇〇〇、〇〇〇	三、二〇五、〇〇〇	一八	汇兑、存款、放款、发行兑换券
中国国货银行	新街口	罗讷齐	民国二十年六月	上海	一	二〇、〇〇〇、〇〇〇	五、〇〇〇、〇〇〇	二四	汇兑、存款、放款、储蓄
中国实业银行	白下路	陈超衡	民国十九年	上海	丨	二〇、〇〇〇、〇〇〇	三、五〇七、四〇〇	一九	汇兑、存款、放款、储蓄、发行兑换券
浙江兴业银行	白下路	杨荫溥	民国二十年八月	上海	丨	四、〇〇〇、〇〇〇	四、〇〇〇、〇〇〇	一九	汇兑、存款、放款、储蓄、发行兑换券
中国通商银行	新街口	贺荇舫	民国二十一年十一月	上海	丨	七、〇〇〇、〇〇〇	三、五〇〇、〇〇〇	二八	汇兑、存款、放款、储蓄、发行兑换券
江苏农民银行	户部街	夏绂麟	民国十九年五月	镇江	丨	二、二〇〇、〇〇〇	二、二〇〇、〇〇〇	八	汇兑、存款、放款、储蓄
南京农民银行	坊口街	傅麟	民国十七年十二月	南京	丨	一、〇〇〇、〇〇〇	五〇〇、〇〇〇	二四	汇兑、存款、放款、储蓄、代理市库
聚兴诚银行	新街口	蒋望平	民国廿三年	重庆	丨	丨	一、〇〇〇、〇〇〇	？	汇兑、存款、放款、储蓄

钱庄业

京市钱庄，在民国二十年成立同业公会时，计六十一家，旋新开七家，共有六十八家。因二十年大水为灾，继以九一八、一·二八事变，农村放款既难收回，商家放款亦无力偿还，该业骤告紧张，纷纷歇业收账。最大钱庄，如通汇及泰亨润、庚余三家，竟于二十年宣告停业。二十一年又停歇豫大、同康、鸿源等十七家，二十二年停歇隆太、顺康等十五家，二十二年三月以前，停歇谦益、勤康等四家，现在仅存通和、震丰等二十九家。内计合资十六家，独资十三家，各家资本大者三万元，小者五百元，全业资本一十七万二千九百元。各家店员最多二十六人，少四人，全业三百一十六人。据该业公会主席朱德铸面称，当其盛时，每年全业营业约二三千万元不等，现年仅可营业一二百万元，恰成十与一之比。同行业务，分为汇划庄、钱庄、兑换店三类。放款利率，最大一分六厘半，最小七厘半。存款最大九厘，最少三厘。汇款以千元为单位，上海收汇费三角至五角，汉口收汇费一元二角。帮派分南京、扬州、镇江三帮。钱市随上海行情为标准。各庄概况如左表：

南京市钱庄业概况表

牌号	地址	经理姓名	开设年份	组合性质	资本数（元）	职员人数	业务
通和	升州路	李培深	光绪三十年	合资	三〇、〇〇〇	一八	汇兑、放款、存款
震丰	洋珠巷	尤子宾	民国十八年	合资	一五、〇〇〇	二二	汇兑
福康	李府巷	许铸江	民国十八年	合资	二〇、〇〇〇	二六	汇兑
长和	升州路	李汉卿	民国三年	合资	四、〇〇〇	一六	门市兼汇兑
同兴甡	鱼市街	曹心斋	光绪卅一年	合资	四、五〇〇	九	钱业兼米业

续表

牌号	地址	经理姓名	开设年份	组合性质	资本数（元）	职员人数	业务
厚康	沙湾	游竹荪	光绪十九年	独资	三、〇〇〇	八	兑换、存款、放款
怡康	油市大街	刘澹如	民国元年	独资	四、〇〇〇	一三	兑换兼往来
同和	马巷	郭子恒	光绪三十年	合资	三、〇〇〇	六	兑换
荣和	评事街	马骏如	光绪七年	独资	三、〇〇〇	一一	汇兑兼往来米业
裕丰	中华路	姜谓川	民国十四年	合资	一、〇〇〇	九	兑换
洪大	白下路	陶均泉	民国二年	独资	六〇〇	四	兑换
鼎升	中华路	王顺甫	光绪十五年	独资	五〇〇	五	兑换
天盛	升州路	陈子晋	民国三年	独资	五〇〇	五	兑换
保余	上新河	林厚臣	民国二年	合资	一三、〇〇〇	一六	汇兑
裕大	上新河	黄祥修	民国十六年	合资	一五、〇〇〇	一六	汇兑
森源	下关北安里	刘汉章	民国十年	合资	五、〇〇〇	二二	汇兑
怡丰	下关鲜鱼巷	陈仲彝	民国十五年	合资	二〇、〇〇〇	二一	汇兑
慎康	下关邓府巷	倪文伯	民国十八年	独资	一、〇〇〇	五	汇兑
镇泰	下关邓府巷	江志斋	民国十六年	独资	一、〇〇〇	六	汇兑、兑换
祥丰	中华路	冯锡五	民国元年	独资	一、〇〇〇	四	钱业、门市
聚源	马巷	李子芬	光绪五年	独资	一、五〇〇	六	钱业
庆丰	水西门外大街	陶欲甫	宣统三年	独资	一、〇〇〇	五	兑换
恒康	下关鲜鱼巷	萧养侯	民国二十年	合资	五、〇〇〇	一二	汇兑
鼎元	下关三马路	王幹臣	民国十八年	合资	一、〇〇〇	六	汇兑
德余	三坊巷	萧丙生	民国二十年	合资	六、〇〇〇	一〇	钱业
泰祥	升州路	石松筠	民国十七年	合资	八〇〇	五	门市
沈成元	评事街	沈宝亨	民国三年	独资	五〇〇	六	汇兑、门市
信余	承恩寺	夏信余	民国二十二年	独资	二、〇〇〇	八	钱业
仁泰昌	李府巷	朱少泉	民国十年	合资	一〇、〇〇〇	一六	汇兑
合计					一七二、九〇〇	三一六	

储蓄会及邮政储金

储蓄会与银行所设储蓄部不同,有有奖及分摊红利之分。我国范围较大历史较久之储蓄会,厥为万国、四行、中法三家。万国储蓄会,系法人于民元创办,总会设上海。四行储蓄会,系民国十二年由吴达诠联合盐业、金城、中南、大陆四行创办,总会亦设上海。中法储蓄会,初为中法人合办,民国十四年法人股份让与华人,遂另改组股份有限公司,仍沿旧名,总会设北平。均于南京设立分会,与南京邮政储金汇业局,分别办理京市各种储蓄。各该会局概况如左表:

南京市储蓄会及邮政储金概况表

储蓄机关名称	地址	资本数(元)	储蓄种类	储蓄户数	利率	储蓄总额(元)	附注
邮政储金汇业局	大行宫		定期、支票、存簿、存本付息、零存、整付	二、五六三	年计最高九厘,最低三厘	八六六、五六七	
万国储蓄会	胪政牌楼	三二、五〇〇两五〇〇、〇〇〇法郎	全会、半会、四分之一会	四、〇〇〇		一八、〇〇〇	月存数
中法储蓄会	四象桥	一〇〇、〇〇〇	整会、五分之四会、五分之三会、五分之二会、五分之一会	八〇〇		三〇〇	月存数
四行储蓄会	白下路	一、〇〇〇、〇〇〇	基本、定期、分期、长期、活期		周息七厘	七七、三九二、五四三	四行总会数

典当业

京市典当,计有公济等七家。合计店员二百余人,各家最多六十余人，少者亦十余人。合计资本二百万元。利息二分，赎期十八个月。营业季节，以春秋两季最旺。农村经济破产以来，凡农民耕种、养蚕成本，红白庆吊用费，纳租还债及购买食粮、不时之需，多恃典当为惟一借贷机关。年来雇客，尤形拥挤。二十二年全业营业，凡三百二十余万元。各家概况如左表：

南京市典当业概况表

牌号	地址	开设年份	资本数（元）	营业数（元）
公济典	珠宝廊	民国三年	四四〇、〇〇〇	六六〇、〇〇〇
协济典	李府巷	民国四年	四〇〇、〇〇〇	六〇〇、〇〇〇
会济典	花市街	民国五年	四八〇、〇〇〇	七二〇、〇〇〇
通济典	大中桥	民国十年	四八〇、〇〇〇	七二〇、〇〇〇
同济典	下关惠民桥	民国五年	四〇、〇〇〇	一〇〇、〇〇〇
隆济典	下关鲜鱼巷	民国八年	八〇、〇〇〇	二〇〇、〇〇〇
和济典	下关升和里	民国八年	八〇、〇〇〇	二〇〇、〇〇〇
合计			二、〇〇〇、〇〇〇	三、二〇〇、〇〇〇

勘誤表

頁數	行數	字數	誤	正
一〇	六	三二	派字下	落一「員」字
一一	一六	一一	碑	牌
二六	一四	一七	八	七
三一	二	二六	萬字下	多一「七」字
四九	一〇	二	州	卅
五七	三	一八	鄂	鶚
五七	三	二一	城字下	落一「雜」字
六四	七	一五	持	恃
六四	一三	一三	陵字下	落「一帶」二字
六四	一六	二	植字下	落一「松」字
六六	一四	三	生字下	贅「概況」二字
七三	三	四三	仰	養
七四	一〇	三一	接	給
七四	二一	七	接	給

《中国经济志·南京市》杭州正则书局 1934 年版勘误表

七五	一	八	接	給
八八	二	三	區	路
一〇〇	六	三七	次字下	贅五十二字
一〇一	一三	一四	其	南
一四〇	一二	二四	五千担	二千五百担
一四三	一二	五〇	貨	貸
一五七	一二	三八	桃	挑
一六九	三	一六	王字上	落一「老」字
一八〇	一三	一五	吊	調
二一〇	二	二八	水	冰
二一二	一〇	二六	欠	次
二一四	一六	一	茶	荼

《中国经济志·南京市》杭州正则书局 1934 年版勘误表

"南京稀见文献丛刊"
已出书目

1.《六朝事迹编类·六朝通鉴博议》 （宋）张敦颐；（宋）李焘

2.《六朝故城图考》 （清）史学海

3.《梁代陵墓考·六朝陵墓调查报告》

（清末民初）张璜；（民国）中央古物保管委员会编辑委员会

4.《南唐二主词》 （南唐）李璟，李煜

5.《钓矶立谈·江南别录·江表志》

（宋）佚名；（宋）陈彭年；（宋）郑文宝

6.《南唐书（两种）》 （宋）马令；（宋）陆游

7.《南唐二陵发掘报告》 南京博物院

8–11.《景定建康志》 （宋）周应合

12.《金陵百咏·金陵杂兴·金陵杂咏·金陵百咏（外一种）》

（宋）曾极；（宋）苏泂；（清）王友亮；（清）汤濂

13.《南京·南京》 （明）解缙；（民国）李邵青

14.《洪武京城图志·金陵古今图考》 （明）礼部；（明）陈沂

15.《献花岩志·牛首山志·栖霞小志·覆舟山小志》

（明）陈沂；（明）盛时泰；（明）盛时泰；（民国）汪訚

16.《金陵世纪·金陵选胜·金陵览古》

（明）陈沂；（明）孙应岳；（清）余宾硕

17.《后湖志》 （明）赵官等

18.《金陵旧事·凤凰台记事》 （明）焦竑；（明）马生龙

19.《金陵琐事·续金陵琐事·二续金陵琐事》 （明）周晖

20.《客座赘语》 （明）顾起元

21–23.《金陵梵刹志》 （明）葛寅亮

24.《金陵玄观志》 （明）葛寅亮

25.《留都见闻录·金陵待征录》 （明）吴应箕；（清）金鳌

26.《板桥杂记·续板桥杂记·板桥杂记补》

（明末清初）余怀；（清）珠泉居士；（清末民初）金嗣芬

27.《建康古今记》 （清）顾炎武

28.《随园食单· 白门食谱· 冶城蔬谱· 续冶城蔬谱》

（清）袁枚；（民国）张通之；（清末民初）龚乃保；（民国）王孝煃

29.《钟山书院志》 （清）汤椿年

30.《莫愁湖志》 （清）马士图

31.《金陵览胜诗考》 （清）周宝偀

32.《秣陵集》 （清）陈文述

33.《摄山志》 （清）陈毅

34.《抚夷日记》 （清）张喜

35.《白下琐言》 （清）甘熙

36.《灵谷禅林志》 (清)甘熙、谢元福,(民国)佚名

37.《承恩寺缘起碑板录· 律门祖庭汇志·扫叶楼集·金陵乌龙潭放生池古迹考》

(清)释鹰巢;(清末民初)释辅仁;(民国)潘宗鼎;(民国)检斋居士

38.《教谕公稀龄撮记·可园备忘录·凤叟八十年经历图记》

(清)陈元恒,(清末民初)陈作霖;(清末民初)陈作霖,(民国)陈祖同、陈诒绂;(清末民国)陈作仪

39–41.《南京愚园文献十一种》 (清)胡恩燮,(民国)胡光国 等

《白下愚园集》 (清)胡恩燮等,(民国)胡光国

《白下愚园续集》 (清)张之洞等,(民国)胡光国

《白下愚园续集(补)》 (清)潘宗鼎等,(民国)胡光国

《愚园宴集诗》 (清)潘任等

《白下愚园题景七十咏》 (清)胡恩燮,(民国)胡光国

《愚园楹联》 (民国)胡光国

《白下愚园游记》 (民国)吴楚

《愚园题咏》 (民国)胡韵蕖

《愚园诗话》 (民国)胡光国

《愚园丛札》 佚名

《灌叟撮记》 (民国)胡光国

42.《江宁府七县地形考略·上元江宁乡土合志》 (清末民初)陈作霖

43–44.《金陵琐志九种》 (清末民初)陈作霖,(民国)陈诒绂

《运渎桥道小志》 (清末民初)陈作霖

《凤麓小志》 (清末民初)陈作霖

《东城志略》 (清末民初)陈作霖

《金陵物产风土志》（清末民初）陈作霖
《南朝佛志寺》（清末民初）孙文川，陈作霖
《炳烛里谈》（清末民初）陈作霖
《钟南淮北区域志》（民国）陈诒绂
《石城山志》（民国）陈诒绂
《金陵园墅志》（民国）陈诒绂
45–46.《秦淮广纪》（清）缪荃孙
47.《盋山志》（清）顾云
48.《金陵关十年报告》（清末民国）金陵关税务司
49.《金陵杂志·金陵杂志续集》（清末民初）徐寿卿
50.《新京备乘》（民国）陈迺勋，杜福堃
51.《金陵岁时记·岁华忆语》（民国）潘宗鼎；（民国）夏仁虎
52.《秦淮志》（民国）夏仁虎
53.《雨花石子记》（民国）王猩酋
54.《金陵胜迹志》（民国）胡祥翰
55.《瞻园志》（民国）胡祥翰
56.《陷京三月记》（民国）蒋公穀
57.《总理陵园小志》（民国）傅焕光
58.《金陵名胜写生集》（民国）周玲荪
59.《丹凤街》（民国）张恨水
60.《新都胜迹考》（民国）周念行，徐芳田
61.《金陵大报恩寺塔志》（民国）张惠衣
62.《万石斋灵岩大理石谱》（民国）张轮远
63.《明孝陵志》（民国）王焕镳

64.《金陵明故宫图考·南京明故宫制度与建筑考》

（民国）葛定华；（民国）朱偰

65.《冶城话旧·东山琐缀》 （民国）卢前

66.《首都计划》 （民国）国都设计技术专员办事处

67.《总理奉安实录》 （民国）总理奉安专刊编纂委员会

68–69.《总理陵园管理委员会报告》 （民国）总理陵园管理委员会

70.《新南京》 （民国）南京市市政府秘书处

71.《中国经济志·南京市》 （民国）建设委员会经济调查所

72.《京话》 （民国）姚颖

73.《南京概况》 （民国）书报简讯社

74.《渡江和解放南京》 张宪文等

75.《骆博凯家书》 〔德〕骆博凯

76.《外人目睹中之日军暴行》 〔英〕田伯烈

77.《南京》 〔德〕赫达·哈默尔，阿尔弗雷德·霍夫曼